이지스에듀

지은이 | 3E 영어 연구소, 김현숙

3E 영어 연구소는 Effective Educational Experiences의 약자로, 단순히 지식을 전달하는 것에 그치지 않고, 학습자가 지식을 흡수하는 과정까지 고려해 가장 효율적인 영어 학습 경험을 제공하기 위해 연구하는 이지스에듀 부설 연구소이다.

김현숙 선생님은 영어교육 석사 학위를 받고, 캐나다에서 TEFL 과정, 미국에서 TESOL 과정을 수료한 후, 10여 년 동안 NE능률과 동아출판사에서 영어 교재를 기획, 개발한 영어 학습 전문가이다. 《리스닝튜터》, 《1316 독해》, 《리딩엑스퍼트》, 《빠른 독해 바른 독해》 등의 초·중등 교재뿐 아니라, 고등 영어 교과서 개발에도 참여해, 최근 입시 영어 경향까지 잘 이해하고 있다.

현재 초등학생을 위한 파닉스, 독해, 문법 강의를 하고 있고, 그동안의 영어 교재 개발과 강의 경험을 집대성해 이지스에듀에서 《바빠 초등 영어 리딩》 시리즈를 집필하였다.

· 인스타그램 @luckyjunet

감수 | Michael A. Putlack

미국의 명문 대학인 Tufts University에서 역사학 석사 학위를 받은 뒤 우리나라의 동양미래대학에서 20년 넘게 한국 학생들을 가르쳤다. 폭넓은 교육 경험을 기반으로 여러 권의 어린이 영어 교재를 집필했을 뿐만 아니라 《영어동화 100편》 시리즈, 《7살 첫 영어 - 파닉스》, 《바빠 초등 필수 영단어》 등의 영어 교재 감수에 참여해 오고 있다.

초등 영문법과 리딩의 연결 고리를 단단하게!

바빠 초등 영문법 써먹는 리딩 ❸ – AR 3.3 / Words 80~100

초판 1쇄 인쇄 2025년 6월 5일
초판 1쇄 발행 2025년 6월 10일
지은이 3E 영어 연구소, 김현숙
발행인 이지연
펴낸곳 이지스퍼블리싱(주)   제조국명 대한민국
출판사 등록번호 제313-2010-123호
주소 서울시 마포구 잔다리로 109 이지스 빌딩 5층(우편번호 04003)
대표전화 02-325-1722   팩스 02-326-1723
이지스퍼블리싱 홈페이지 www.easyspub.com   이지스에듀 카페 www.easysedu.co.kr
바빠 아지트 블로그 blog.naver.com/easyspub   인스타그램 @easys_edu
페이스북 www.facebook.com/easyspub2014   이메일 service@easyspub.co.kr

기획 및 책임 편집 이지혜 | 정지연, 박지연, 김현주   표지 및 내지 디자인 김세리   조판 김혜수
인쇄 미래피앤피   독자 지원 박애림, 김수경   영업 및 문의 이주동, 김요한(support@easyspub.co.kr)
마케팅 라혜주

ISBN 979-11-6303-689-0
ISBN 979-11-6303-686-9 (세트)
가격 14,000원

· 이지스에듀는 이지스퍼블리싱(주)의 교육 브랜드입니다.
  (이지스에듀는 학생들을 탈락시키지 않고 모두 목적지까지 데려가는 책을 만듭니다!)

> ❝
> # 펑펑 쏟아져야 눈이 쌓이듯,
> # 공부도 집중해야 실력이 쌓인다.
> ❞

학교 선생님부터 영어 전문 명강사까지
적극 추천한 '바빠 초등 영문법 써먹는 리딩'

리딩 실력의 든든한 동반자는 문법!

이 책은 초등 영문법과 리딩의 연결 고리를 제시하며, 영어 학습의 핵심을 꿰뚫고 있네요. 단순히 암기에 그치지 않고, 문법을 통해 문맥과 문장을 정확히 이해하도록 구성되어 있어 리딩 실력을 체계적으로 쌓아나갈 수 있는 든든한 동반자가 될 수 있겠어요.

서지예 선생님
부산 공립중학교 영어 교사

문법의 쓸모를 알면 영어 실력이 탄탄!

이 책은 문법과 리딩을 조화롭게 결합하여 문법의 쓰임을 알게 하네요. 동시에 초등 교과서 연계 주제에서 뽑은 흥미로운 이야기들이 영어 독해 실력을 높이는 데 큰 도움이 되겠어요. 지문에 나오는 영어 문장을 직접 써 보면서 익히는 방법도 매우 좋네요.

한동오 원장님
바빠 스마트 클래스 대표 원장, 베스트셀러 저자

문법적 요소를 통해
리딩의 스킬을 높일 수 있는 책!

글을 읽기 전에 미리 문법을 간략히 학습함으로써 조금 더 쉽게 문장을 이해할 수 있고, 글을 읽은 후에 문제를 풀어보고 직접 문장을 써 보면서 영어 리딩에 대한 이해도를 체계적으로 향상시킬 수 있겠어요.

어션 선생님
기초 영어 강사, '어션영어 BasicEnglish' 유튜브 운영자

리딩 체감 난이도가 낮아지는 책!

독해 지문의 해석이 매끄럽지 않은 경우엔 문법 포인트를 빠뜨리지 않았는지 짚어봐야 하죠. 이 책은 초등 기초 영문법 설명을 지문과 함께 제시함으로써 리딩에 대한 아이들의 체감 난이도를 낮춰줄 수 있겠어요.

이은지 선생님
前 (주)탑클래스에듀아이 영어 강사

영문법을 적용하니
리딩이 술술 되는 놀라운 책!

문법을 알면 문장이 제대로 보여요!

리딩이 어려우면 단어 실력이 부족해서라고 생각하기 쉽습니다. 하지만 리딩은 단어만 안다고 해결되지 않습니다. 원어민이 아니기 때문에 이상한 번역기처럼 엉뚱하게 해석할 수 있거든요. 단순히 단어 뜻을 나열하는 리딩이 아닌 문법을 통해 문장과 문맥을 정확히 파악해야 제대로 읽을 수 있습니다. 이 책은 초등 수준의 영문법을 활용해 체계적인 리딩 학습을 할 수 있도록 만들어졌습니다. 유닛마다 리딩에 필요한 영문법을 세분화하였고, 문법 따로 독해 따로 공부하는 게 아닌 학습한 문법을 독해에 바로 적용합니다. 그래서 지문과 문제를 통해 스스로 제대로 이해했는지 누구나 어렵지 않게 확인할 수 있습니다.

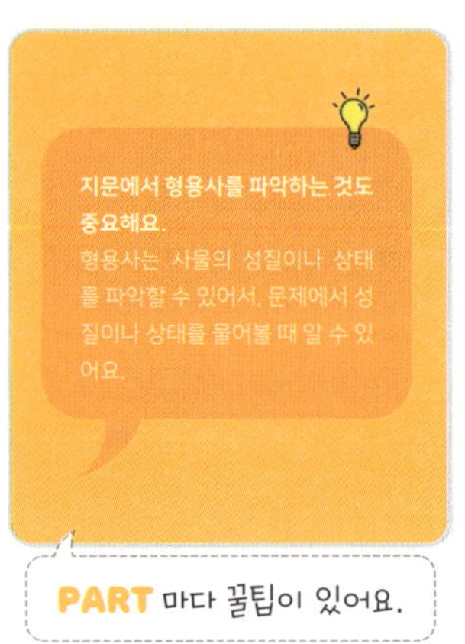

리딩이 쉬워지는 꿀팁이 한가득

중·고등학교 시험과 수능까지도 바라본다면, 초등학생 때부터 리딩이 쉬워지는 꿀팁을 익혀놓으면 유리합니다. 요령 없이 무턱대고 풀었다가는, 시간 부족으로 시험을 제대로 마치기도 어려워지기 때문입니다. 이 책은 리딩이 쉬워지는 꿀팁이 한가득 있습니다. 꿀팁을 통해 중요한 부분(중심 문장)과 덜 중요한 부분(뒷받침 문장)을 구분해 읽는 법과 정확한 근거를 가지고 정답을 고르는 법을 익힐 수 있습니다.

10가지 문제 유형 학습 제공

특히 고득점을 노리는 친구라면 유형 분석은 필수입니다. 이 책은 시험의 대표 유형인 '주제 찾기'부터 '순서 파악'까지 10가지 문제 유형을 제공해, 유형별로 어떤 풀이 방식이 적합하며 어떻게 접근해야 하는지를 정리했습니다.

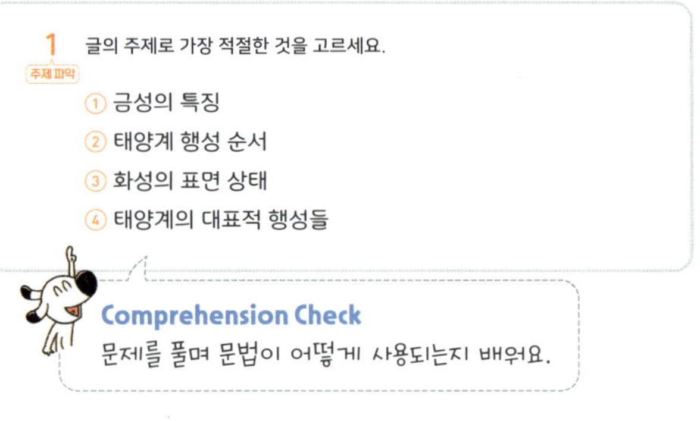

교과 공부도 저절로 되는 풍부한 비문학 지문들

사회, 과학, 문학, 언어, 예술 등 초등 교과서 연계 주제와 학교 공부에 필요한 배경지식이 담긴 지문들로 구성했습니다. 지문만 읽어도 저절로 교과 학습도 함께 이뤄질 수 있습니다.

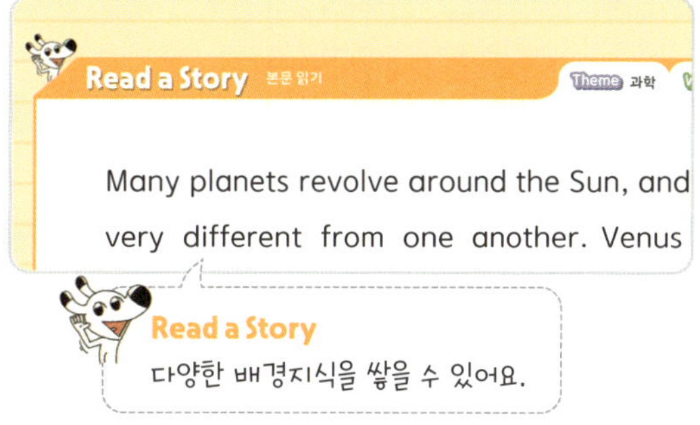

쓸 수 있으면 정확히 이해한 거죠!

눈으로만 읽고 끝낸다면, 지문을 온전히 다 이해했다고 보기 힘들 것입니다. 하나를 읽더라도 제대로 읽고 오래 기억할 수 있도록 이 책은 지문을 읽고 문제를 푼 후, 다시 우리말에 맞게 영어 문장을 쓰도록 구성되어 있습니다. 내가 직접 문장을 쓸 수 있다면 그 문장을 정확히 이해한 것이죠!

망각이 일어나기 전에 복습 설계

독일 출신 심리학자인 에빙하우스의 망각 이론에 따르면, 방금 본 단어도 외운 지 10분부터 망각이 일어나서 1일 후에 70% 이상이 사라진다고 합니다. 모든 공부는 한 번에 이뤄지지 않습니다. 탄탄한 리딩 실력을 기르기 위해서는 꼭 복습이 이뤄져야 합니다. 이 교재의 학습이 끝난 후 '바빠 공부단 카페'의 바빠 자료실에서 받아쓰기 PDF로 복습할 수 있습니다. PDF 학습자료까지 끝내고 나면 단어와 문장이 저절로 장기기억으로 넘어가 오래 기억할 수 있을 거예요!

TIP

'오늘부터 한 달 동안 이 책 한 권을 다 풀 거야!'라고
공개적으로 약속하면 끝까지 풀 확률이 높아진대요!
결심과 함께 책 사진을 찍어
친구나 부모님께 공유해 보세요!

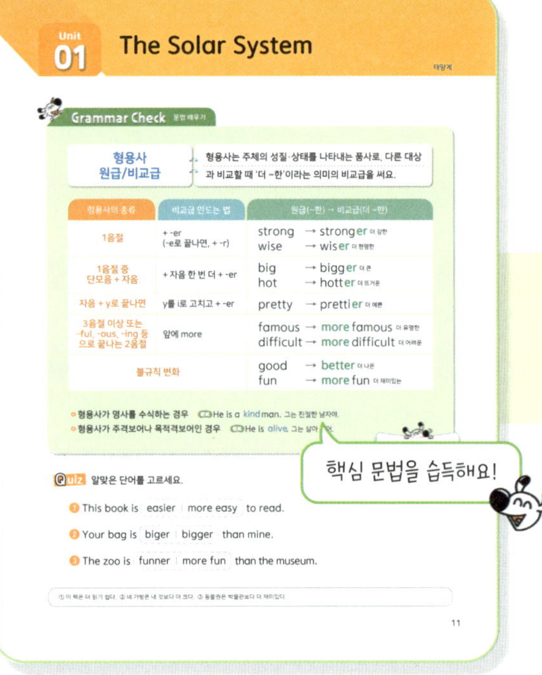

1단계　문법 배우기

유닛의 핵심 문법을 익히고
퀴즈로 확인해 보세요.

핵심 문법을 습득해요!

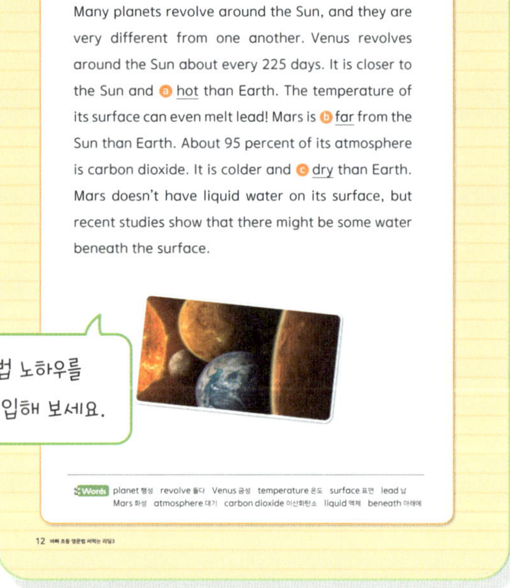

2단계　지문 읽기

학교 공부에 필요한 다양한 배경지식 등
흥미진진한 지문을 읽어요.

문법 노하우를
대입해 보세요.

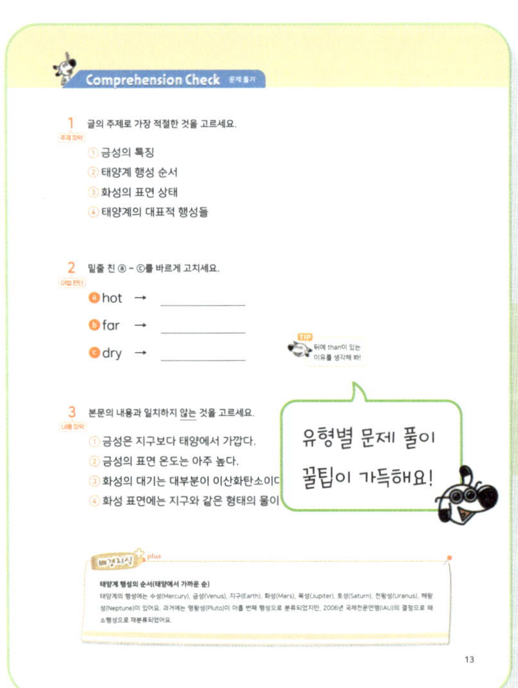

유형별 문제 풀이
꿀팁이 가득해요!

3단계　문제 풀기

다양한 유형별 문제를 풀어요.
문제를 풀다 보면 지문이 더 깊게 이해될 거예요.

4단계 영어 문장 쓰기

우리말에 알맞게 영작을 연습해요.
주어와 동사뿐만 아니라 목적어, 보어 등
문법적 쓰임이 더 잘 파악될 거예요.

5단계 복습하기

네 개의 유닛마다 문법과 단어를
문제 풀이로 총정리해요!

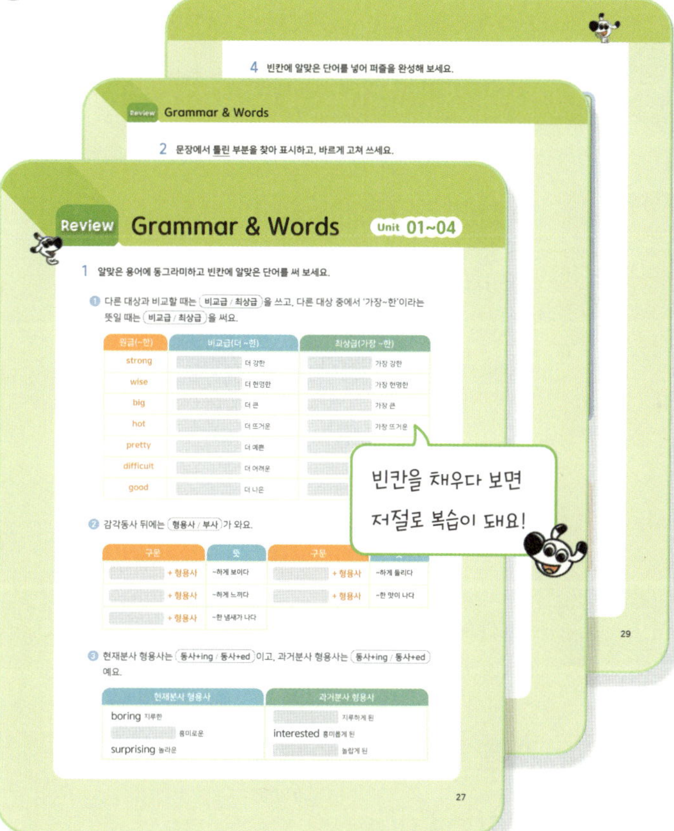

QR코드를 이용해 지문을 여러 번 듣고 따라 하세요.
스마트폰에 QR코드 앱이 설치되어 있어야 합니다.
'바빠 공부단 카페'에서 MP3를 다운로드할 수도 있습니다.

🎧 원어민 발음 음원 다운로드

'바빠 공부단 카페'의 바빠 자료실에서
〈바빠 초등 영문법 써먹는 리딩〉을
검색하세요!

바빠 공부단 카페 www.easysedu.co.kr

바빠 공부단 [검색]

Contents

바빠 초등 영문법 써먹는 리딩 ❸ – AR 3.3 / Words 80~100

바빠 초등 영문법 써먹는 리딩 시리즈

≪바빠 초등 영문법 써먹는 리딩≫은 AR 지수로 수준을 나눠 총 3권으로 구성했습니다!

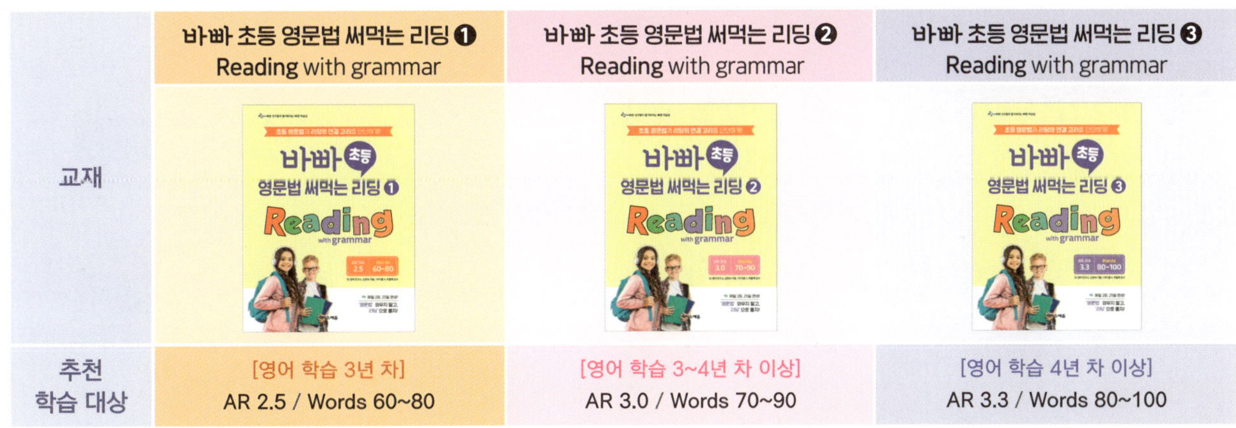

	바빠 초등 영문법 써먹는 리딩 ❶ Reading with grammar	바빠 초등 영문법 써먹는 리딩 ❷ Reading with grammar	바빠 초등 영문법 써먹는 리딩 ❸ Reading with grammar
교재			
추천 학습 대상	[영어 학습 3년 차] AR 2.5 / Words 60~80	[영어 학습 3~4년 차 이상] AR 3.0 / Words 70~90	[영어 학습 4년 차 이상] AR 3.3 / Words 80~100

🐶 AR 지수란 미국 르네상스러닝 사의 공식에 따라 분석한 텍스트 난이도 지수입니다. 사용된 단어의 수준, 문장의 길이와 복잡성, 전체 글의 분량 등을 바탕으로 매깁니다. AR 지수는 미국의 학년과 연계되어, AR 3.3이라면 미국 초등학교의 평균적인 3학년 3개월 정도된 학생이 읽는 난이도입니다.

The Solar System

Grammar Check 문법 배우기

형용사 원급/비교급	형용사는 주체의 성질·상태를 나타내는 품사로, 다른 대상과 비교할 때 '더 ~한'이라는 의미의 비교급을 써요.

형용사의 종류	비교급 만드는 법	원급(~한) → 비교급(더 ~한)
1음절	+ -er (-e로 끝나면, + -r)	strong → stronger 더 강한 wise → wiser 더 현명한
1음절 중 단모음 + 자음	+ 자음 한 번 더 + -er	big → bigger 더 큰 hot → hotter 더 뜨거운
자음 + y로 끝나면	y를 i로 고치고 + -er	pretty → prettier 더 예쁜
3음절 이상 또는 -ful, -ous, -ing 등 으로 끝나는 2음절	앞에 more	famous → more famous 더 유명한 difficult → more difficult 더 어려운
불규칙 변화		good → better 더 나은 fun → more fun 더 재미있는

- 형용사가 명사를 수식하는 경우 **ex** He is a kind man. 그는 친절한 남자야.
- 형용사가 주격보어나 목적격보어인 경우 **ex** He is alive. 그는 살아 있어.

비교급을 사용할 때는 'than + 비교 대상' 구문과 자주 함께 쓰여.

Quiz 알맞은 단어를 고르세요.

1. This book is [easier | more easy] to read.

2. Your bag is [biger | bigger] than mine.

3. The zoo is [funner | more fun] than the museum.

① 이 책은 더 읽기 쉽다. ② 네 가방은 내 것보다 더 크다. ③ 동물원은 박물관보다 더 재미있다.

Many planets revolve around the Sun, and they are very different from one another. Venus revolves around the Sun about every 225 days. It is closer to the Sun and **a** <u>hot</u> than Earth. The temperature of its surface can even melt lead! Mars is **b** <u>far</u> from the Sun than Earth. About 95 percent of its atmosphere is carbon dioxide. It is colder and **c** <u>dry</u> than Earth. Mars doesn't have liquid water on its surface, but recent studies show that there might be some water beneath the surface.

Words　planet 행성　revolve 돌다　Venus 금성　temperature 온도　surface 표면　lead 납
Mars 화성　atmosphere 대기　carbon dioxide 이산화탄소　liquid 액체　beneath 아래에

1 글의 주제로 가장 적절한 것을 고르세요.

주제 파악

① 금성의 특징

② 태양계 행성 순서

③ 화성의 표면 상태

④ 태양계의 대표적 행성들

2 밑줄 친 ⓐ ~ ⓒ를 바르게 고치세요.

어법 판단

ⓐ hot → ______________

ⓑ far → ______________

ⓒ dry → ______________

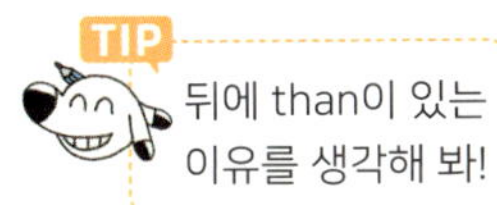

3 본문의 내용과 일치하지 <u>않는</u> 것을 고르세요.

내용 파악

① 금성은 지구보다 태양에서 가깝다.

② 금성의 표면 온도는 아주 높다.

③ 화성의 대기는 대부분이 이산화탄소이다.

④ 화성 표면에는 지구와 같은 형태의 물이 있다.

배경지식 ⁺plus

태양계 행성의 순서(태양에서 가까운 순)

태양계의 행성에는 수성(Mercury), 금성(Venus), 지구(Earth), 화성(Mars), 목성(Jupiter), 토성(Saturn), 천왕성(Uranus), 해왕성(Neptune)이 있어요. 과거에는 명왕성(Pluto)이 아홉 번째 행성으로 분류되었지만, 2006년 국제천문연맹(IAU)의 결정으로 왜소행성으로 재분류되었어요.

1 많은 행성들이 태양 주위를 돌고, 그들은 서로 아주 다르다.

around the Sun, | very different | from one another. | Many planets | revolve | and they are

---

2 금성은 약 225일 주기로 태양 주위를 돈다.

around the Sun | revolves | about every 225 days. | Venus

---

3 그것은 지구보다 태양에 더 가깝고, 더 뜨겁다.

to the Sun | than Earth. | and hotter | It is closer

---

4 그것의 표면 온도는 심지어 납도 녹일 수 있다!

can even | lead! | The temperature | melt | of its surface

---

5 화성은 지구보다 태양으로부터 더 멀리 있다.

from the Sun | is farther | than Earth. | Mars

---

6 그것의 대기 약 95퍼센트는 이산화탄소이다. 그것은 지구보다 더 춥고 더 건조하다.

is carbon dioxide. | It is colder | of its atmosphere | About 95 percent | than Earth. | and drier

---

7 화성은 표면에 액체 상태의 물은 없지만, 최근 연구에서는 표면 아래에 물이 있을 수 있다고 나온다.

liquid water | Mars doesn't have | some water | on its surface, | beneath the surface. | there might be | but recent studies show that

---

Grammar Check 문법 배우기

형용사의 최상급	세 가지 이상의 비교 대상이 있을 때, '가장 ~한'이라는 의미로 최상급을 써요.

형용사의 종류	최상급 만드는 법	원급(~한) → 최상급(가장 ~한)
1음절	+ -est (-e로 끝나면, + -st)	strong → strong**est** 가장 강한 wise → wis**est** 가장 현명한
1음절 중 단모음 + 자음	+ 자음 한 번 더 + -est	big → big**gest** 가장 큰 hot → hot**test** 가장 뜨거운
자음 + y로 끝나면	y를 i로 고치고 + -est	pretty → pretti**est** 가장 예쁜
3음절 이상 또는 -ful, -ous, -ing 등으로 끝나는 2음절	앞에 most	famous → **most** famous 가장 유명한 difficult → **most** difficult 가장 어려운
불규칙 변화		good → **best** 최고의

○ 최상급을 사용할 때는 보통 형용사 앞에 the를 붙여요.

'one of the 최상급 + 복수명사 (가장 ~인 것 중 하나)' 구문이 자주 쓰여!

Quiz 알맞은 단어를 고르세요.

1 Yesterday was the [coldest | colddest] day of the year.

2 Megan is the [best | better] player on the team.

3 This is the [difficultest | most difficult] book among those on the list.

① 어제는 올해 들어 가장 추운 날이었다. ② 메건은 팀에서 가장 잘하는 선수이다. ③ 이것은 목록에 있는 책들 중에서 가장 어려운 책이다.

The chart shows the ways that students travel to school. This survey had 20 student respondents. **a** <u>Common</u> way to get to school is by walking. In fact, no other way is **b** <u>popular</u> than walking. It's also the healthiest way! The second most common way is by bus. Fewer than five students ride bicycles to school. It seems to be the least popular option among <u>the top three methods</u>. The rest of the students use other ways, like cars or scooters.

How do you usually travel to school?

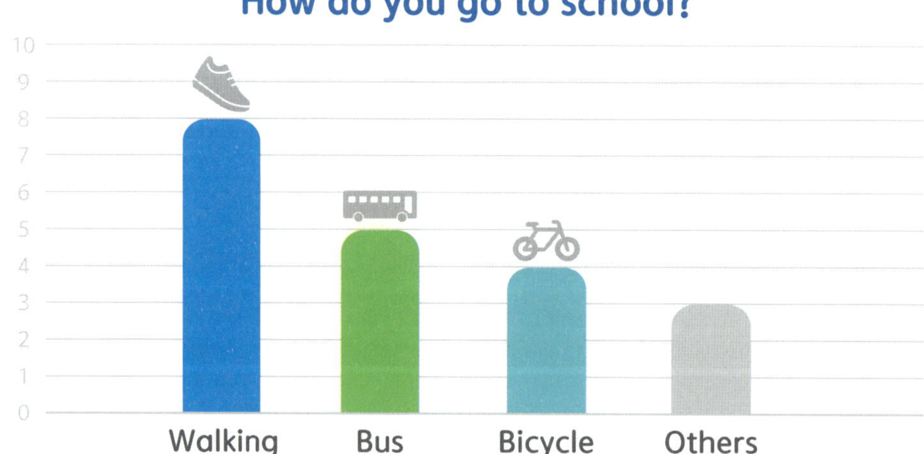

Words   survey (설문) 조사   respondent 응답자   bicycle 자전거   option 선택   scooter 스쿠터, 킥보드

Comprehension Check 문제 풀기

1 밑줄 친 ⓐ와 ⓑ를 바르게 고치세요.

어법 판단

> ⓐ Common → _________________________
>
> ⓑ popular → _________________________

2 도표의 내용과 일치하지 <u>않는</u> 것을 고르세요.

내용 일치

① 20명의 학생이 설문에 참여했다.

② 도보로 등교하는 학생이 가장 많다.

③ 응답자 중 1/4은 자전거를 타고 등교한다.

④ 차를 타고 학교에 오는 학생들도 있다.

3 밑줄 친 the top three methods로 등교하지 <u>않는</u> 학생을 고르세요.

내용 일치

① Chloe : I go to school on foot.

② Carol : The bus is the fastest way for me.

③ Olivia : Riding my bicycle to school is the happiest part of my day.

④ Ethan : My dad gives me a ride every morning.

 plus

미국의 스쿨버스

미국은 약 90%의 학교에서 스쿨버스를 운영해요. 미국의 스쿨버스는 노란색으로 도색되어 있고, 앞과 뒤에는 빨간색 정지 신호가 있어요. 스쿨버스가 정차하여 학생들이 승하차할 때에는 모든 차량이 정지해야 해요. 만약 스쿨버스를 추월하거나 정지하지 않으면 벌금이 부여된대요. 그래서 스쿨버스를 타고 안전하고 편안하게 등하교를 할 수 있어요.

1 이 표는 학생들이 학교에 가는 방법을 보여준다.

[shows] [to school.] [The chart] [that students travel] [the ways]

2 이 설문 조사에는 20명의 학생 응답자가 참여했다.

[20 student respondents.] [This survey] [had]

3 학교에 가는 가장 흔한 방법은 걸어서 가는 것이다.

[to get to school] [The most common way] [by walking.] [is]

4 사실, 걸어서 가는 것보다 더 인기 있는 다른 방법은 없다.

[than walking.] [is more popular] [no other way] [In fact,]

5 그것은 또한 가장 건강한 방법이다! 두 번째로 가장 흔한 방법은 버스를 타는 것이다.

[the healthiest way!] [The second most common way] [It's also] [by bus.] [is]

6 5명 미만의 학생들이 자전거를 타고 등교한다. 그것은 상위 세 개의 방법 중에서 가장 인기가 적은 방법으로 보인다.

[to school.] [Fewer than] [among the top three methods.] [ride bicycles] [It seems] [five students] [to be the least popular option]

7 나머지 학생들은 차나 킥보드 같은 다른 방법을 이용한다. 너는 주로 학교에 어떻게 가니?

[use other ways,] [usually] [The rest of the students] [travel to school?] [How do you] [like cars or scooters.]

Unit 03 — Animals' Well-being

Grammar Check 문법 배우기

감각동사 + 형용사	오감을 나타내는 감각동사 뒤에는 형용사가 와요. 이때 형용사는 '~하게'의 의미로 해석해요.

감각동사	뜻	예시
look + 형용사	~하게 보이다	She **looks happy**. 그녀는 행복해 보인다.
feel + 형용사	~하게 느끼다	I **feel thirsty**. 나는 목마르다.
smell + 형용사	~한 냄새가 나다	His perfume **smells nice**. 그의 향수는 냄새가 좋다.
sound + 형용사	~하게 들리다	The music **sounds wonderful**. 이 음악은 멋지게 들린다.
taste + 형용사	~한 맛이 나다	This potato **tastes good**. 이 감자는 맛있다.

Quiz 알맞은 단어를 고르세요.

1. The music sounds too [loud | loudly].

2. Your room looks very cozy and [love | lovely].

3. The soup tastes a bit [spice | spicy].

① 음악 소리가 너무 시끄럽게 들린다. ② 네 방은 아주 아늑하고 사랑스럽다. ③ 수프가 약간 매운 맛이 난다.

Some people feel uncomfortable visiting zoos. They think animals in zoos look sad and ⓐ <u>tired</u> in small enclosures. And it is obvious that the animals don't have freedom in the zoo, unlike in the wild. For example, the lions look ⓑ <u>frustrated</u> because they can't run and hunt.

Supporters of zoos, however, believe they provide important benefits for animals. The zookeepers make sure that the animals stay healthy and feel ⓒ <u>safely</u>. Many zoos now have very spacious enclosures. Visitors, especially ⓓ <u>younger</u> ones, can appreciate and learn about wildlife, too!

Words　uncomfortable 불편한　enclosure 울타리　obvious 분명한　wild 야생　supporter 지지자
provide 제공하다　zookeeper 사육사　spacious 널찍한　appreciate 제대로 인식하다

1 글의 주제로 가장 알맞은 것을 고르세요.
주제 파악

① 동물원 사육사의 애로사항
② 동물원 존립에 대한 찬반 의견
③ 동물 복지를 위한 동물원의 노력
④ 개선되어야 할 동물원 사육 환경

2 밑줄 친 @~ⓓ 중 어법상 옳지 <u>않은</u> 것을 고르세요.
어법 판단

① 　② 　③ 　④ 

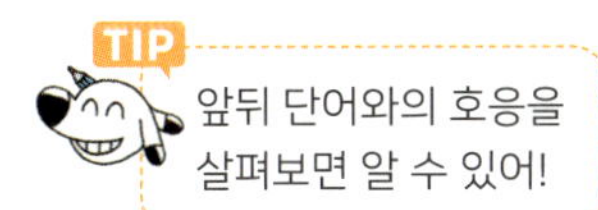

3 글의 내용과 가장 어울리는 속담을 고르세요.
내용 파악

① Better late than never.
② Curiosity killed the cat.
③ There are two sides to every story.
④ You can't teach an old dog new tricks.

 plus

동물원 폐지 찬성 사례
1. **태국의 타이거 템플:** 동물 보호를 위해 운영되었으나, 호랑이에게 진정제를 투여하고 관광객과 사진을 찍게 했고, 불법 거래도 이뤄졌어요. 이는 동물원의 상업적 목적으로 인해 동물이 학대받을 수 있다는 문제를 보여줬어요.
2. **밴쿠버 아쿠아리움의 돌고래:** 좁은 수조에 돌고래를 전시했으나, 시민들과 동물 복지 단체의 반대로 중단됐어요. 동물원의 환경은 자연과 같을 수 없다는 문제를 보여줬어요.

1 몇몇 사람들은 동물원 방문을 불편해한다.

feel | Some people | visiting zoos. | uncomfortable

2 그들은 동물원의 동물들이 좁은 울타리 안에서 슬프고 지쳐 보인다고 생각한다.

look | They | animals | think | in small enclosures. | sad and tired | in zoos

3 그리고 동물들이 야생에서와는 달리 동물원에서는 자유가 없다는 것은 분명하다.

the animals don't have | obvious | And it is | that | freedom | unlike in the wild. | in the zoo,

4 예를 들어, 사자는 달리고 사냥할 수 없기 때문에 우울해 보인다.

the lions | For example, | run and hunt. | frustrated | look | they | because | can't

5 하지만 동물원 지지자들은 동물원이 동물들에게 중요한 이점을 제공한다고 믿는다.

Supporters of zoos, | for animals. | however, | believe | they | provide | important benefits

6 사육사들은 동물들이 건강하게 지내고 안전하게 느낄 수 있도록 해준다. 지금 많은 동물원이 아주 널찍한 울타리를 가지고 있다.

that the animals | The zookeepers | make sure | stay healthy | very spacious enclosures. | and feel safe. | now have | Many zoos

7 방문객들, 특히 어린 아이들은 야생 동물을 제대로 인식하고 그들에 대해 배울 수도 있다!

about wildlife, too! | Visitors, | can appreciate and learn | especially younger ones,

The Red Car Effect

Grammar Check 문법 배우기

분사형 형용사	동사의 현재분사(-ing)나 과거분사(-ed) 형태가 형용사로 쓰이는 것을 말해요.

분사형 형용사	의미	예시
현재분사 (동사 + ing)	능동의 의미 / 감정을 유발 (영향을 미치는 주체를 수식)	bor**ing** 지루한　excit**ing** 흥분되는 interest**ing** 흥미로운　depress**ing** 우울한 surpris**ing** 놀라운　confus**ing** 혼란스러운
과거분사 (동사 + ed)	수동의 의미 / 감정을 느낌 (영향을 받는 대상을 수식)	bor**ed** 지루하게 된　excit**ed** 흥분하게 된 interest**ed** 흥미롭게 된　depress**ed** 우울하게 된 surpris**ed** 놀랍게 된　confus**ed** 혼란스럽게 된

Quiz 알맞은 단어를 고르세요.

❶ I am [interested | interesting] in learning more about the Joseon Dynasty.

❷ It was a [tired | tiring] week with so much homework.

❸ I felt [amazed | amazing] by her language skills.

① 나는 조선시대에 대해 더 배우는 것에 관심이 있다. ② 숙제가 너무 많아서 피곤한 한 주였다. ③ 나는 그녀의 언어 능력에 감탄했다.

Let's imagine your mom is thinking about buying a red car. Before, she didn't notice red cars much, but now she suddenly sees them everywhere. Her brain starts to pay more attention to red cars, so she becomes more **a** [interested | interesting] in them. This phenomenon is known as the <u>Red Car Effect</u>. Here's another example: Your dad buys you a brand-new laptop. Suddenly, you see many students with the same laptop. Isn't it **b** [interested | interesting] ?

Words   **notice** 알아채다   **pay attention to** ~에 집중하다   **phenomenon** 현상   **brand-new** 최신의

Comprehension Check 문제 풀기

1 다음 질문을 읽고, 답을 본문에서 찾아 쓰세요.

내용 추론

Q: Why does the mom suddenly see red cars everywhere?

A: It's because ____.

2 글의 ⓐ와 ⓑ에 들어갈 말로 알맞은 것을 고르세요.

어법 판단

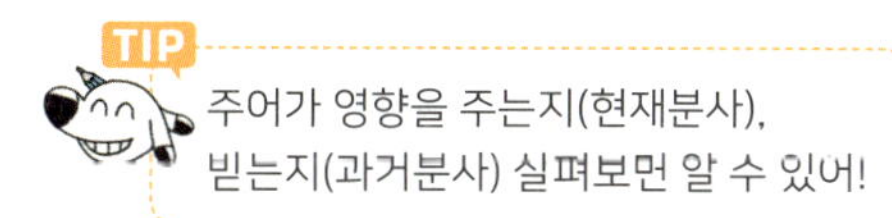

ⓐ   interested | interesting

ⓑ   interested | interesting

TIP 주어가 영향을 주는지(현재분사), 받는지(과거분사) 살펴보면 알 수 있어!

3 밑줄 친 Red Car Effect가 가리키는 내용으로 알맞은 것을 고르세요.

내용 파악

① 신제품이 나오면 재빨리 사용해 보고 싶다.

② 친한 친구가 가지고 있는 물건을 사고 싶어진다.

③ 관심이 있는 제품이 주변에서 많이 보이게 된다.

④ 가족들이 가지고 있는 물건에 관심을 가지게 된다.

 plus

왜 빨간 자동차 효과가 생길까요?

1. **선택적 주의 집중:** 새로운 걸 배우면 뇌가 그 정보에 민감해져서 관련된 것을 더 쉽게 포착하게 된대요.

2. **확증 편향:** 반복해서 발견하게 되면, "역시, 이거 진짜 자주 보이네!" 하고 스스로 설득하게 된대요.

1 너희 엄마가 빨간 자동차를 살까 고민 중이라고 상상해 보자.

buying a red car. is thinking about Let's your mom imagine

2 전에 그녀는 빨간 자동차가 별로 눈에 띄지 않았는데, 지금은 갑자기 어디서나 보인다.

red cars much, but now them everywhere. Before, didn't she she notice suddenly sees

3 그녀의 뇌는 빨간 자동차에 더 집중하기 시작하고, 그래서 그녀는 더 관심을 갖게 된다.

more attention in them. Her brain so she to red cars, starts to pay becomes more interested

4 이 현상은 '빨간 자동차 효과'라고 알려져 있다.

the Red Car Effect. known as is This phenomenon

5 여기 다른 예도 있다. 너희 아빠가 너에게 새로운 노트북을 사 준다.

example: Here's Your dad you another a brand-new laptop. buys

6 갑자기, 너는 같은 노트북을 가진 학생들을 많이 보게 된다.

Suddenly, see you with the same laptop. many students

7 흥미롭지 않은가?

interesting? it Isn't

1 알맞은 용어에 동그라미하고 빈칸에 알맞은 단어를 써 보세요.

1 다른 대상과 비교할 때는 (비교급 / 최상급)을 쓰고, 다른 대상 중에서 '가장~한'이라는 뜻일 때는 (비교급 / 최상급)을 써요.

원급(~한)	비교급(더 ~한)		최상급(가장 ~한)	
strong		더 강한		가장 강한
wise		더 현명한		가장 현명한
big		더 큰		가장 큰
hot		더 뜨거운		가장 뜨거운
pretty		더 예쁜		가장 예쁜
difficult		더 어려운		가장 어려운
good		더 나은		최고의

2 감각동사 뒤에는 (형용사 / 부사)가 와요.

구문	뜻	구문	뜻
+ 형용사	~하게 보이다	+ 형용사	~하게 들리다
+ 형용사	~하게 느끼다	+ 형용사	~한 맛이 나다
+ 형용사	~한 냄새가 나다		

3 현재분사 형용사는 (동사+ing / 동사+ed)이고, 과거분사 형용사는 (동사+ing / 동사+ed)예요.

현재분사 형용사	과거분사 형용사
boring 지루한	지루하게 된
흥미로운	interested 흥미롭게 된
surprising 놀라운	놀랍게 된

2 문장에서 <u>틀린</u> 부분을 찾아 표시하고, 바르게 고쳐 쓰세요.

① It is colder and drier Earth.
그것은 지구보다 더 춥고 더 건조하다.

____

② The second more common way is by bus.
두 번째로 가장 흔한 방법은 버스를 타는 것이다.

____

③ It's also healthiest way!
그것은 또한 가장 건강한 방법이다!

____

④ Some people feel uncomfortly about visiting zoos.
몇몇 사람들은 동물원 방문을 불편해한다.

____

3 우리말 뜻에 알맞은 단어를 고르세요.

① 울타리 — ☐ enclosure ☐ obvious ☐ supporter

② 행성 — ☐ Mars ☐ planet ☐ Venus

③ 알아채다 — ☐ revolve ☐ appreciate ☐ notice

④ 최신의 — ☐ lead ☐ spacious ☐ brand-new

⑤ 불편한 — ☐ atmosphere ☐ uncomfortable ☐ liquid

⑥ 현상 — ☐ phenomenon ☐ option ☐ survey

4 빈칸에 알맞은 단어를 넣어 퍼즐을 완성해 보세요.

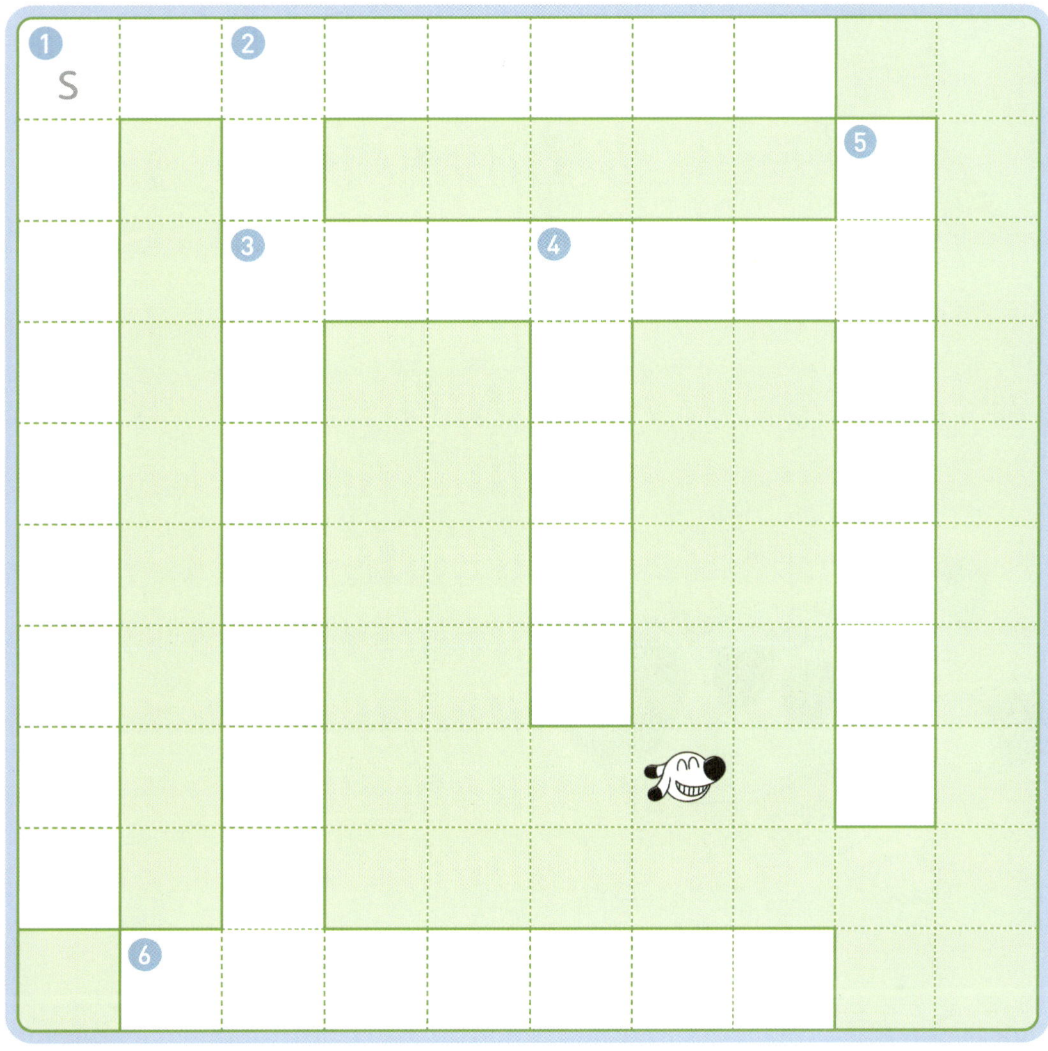

→ Across 가로

1 널찍한 ⇒

3 제공하다 ⇒

6 돌다 ⇒

↓ Down 세로

1 지지자 ⇒

2 제대로 인식하다 ⇒

4 금성 ⇒

5 아래에 ⇒

2

부사에 집중해서 읽기

지문에서 부사를 파악하는 것도 중요해요. **부사는 어떻게, 언제, 어디서, 왜 등의 의문에 답하며,** 문장에 세부적인 의미를 더해요. 그래서 문제에서 세부 내용을 물어볼 때는 부사를 찾아보면 알 수 있어요.

Grammar Check 문법 배우기

부사	so, very, too처럼 원래 부사인 단어들도 있지만, 형용사 뒤에 –ly를 붙여서 부사를 만들 수도 있어요. 보통 '~하게'로 해석해요.

부사의 종류	형용사(~한)	부사(~하게)
형용사 + -ly	strong soft	**strongly** 튼튼하게 **softly** 부드럽게
-y로 끝나면, y를 i로 고치고 + -ly	happy lucky	**happily** 행복하게 **luckily** 운 좋게
-le로 끝나면, e를 빼고 + -y	gentle simple	**gently** 다정하게 **simply** 간단하게
형용사와 부사가 동일한 형태	**high** 높은/높게 **late** 늦은/늦게	**low** 낮은/낮게 **early** 이른/일찍	**fast** 빠른/빠르게 **hard** 단단한/세게
불규칙 변화	good	**well** 잘
형용사와 뜻이 달라지는 형태	**heavy** 무거운 **high** 높은	**heavily** 심하게 **highly** 매우

○ lovely(사랑스러운), friendly(친절한) 등 '명사 + -ly'는 '-ly'로 끝나지만 형용사예요!

Quiz 주어진 단어를 어법에 맞게 빈칸에 쓰세요.

❶ She ran ___________ to the bus stop.   (quick)

❷ Tim solved the math problem so ___________.   (easy)

❸ Sophia did the homework very ___________.   (good)

① 그녀는 버스 정류장으로 재빠르게 뛰었다. ② 팀은 그 수학 문제를 정말 쉽게 풀었다. ③ 소피아는 숙제를 아주 잘했다.

People these days often share funny pictures and videos with one another. We call them memes. People love memes for a few reasons.

First, people can enjoy a laugh without spending much time. Second, many memes are very relatable. They often deal with everyday situations, like school events, work experiences, and other funny things in our lives. Third, memes mostly rely on humor. Sometimes the topics can be ⓐ ____________, but they express these ideas simply and humorously. This way, people don't take the problems too ⓑ ____________.

Words　share 나누다　reason 이유　laugh 웃음　relatable 공감대를 형성하는　rely on 의존하다

1 글의 주제로 가장 알맞은 것을 고르세요.

주제 파악

① 밈을 제작하는 방법

② 밈에 자주 등장하는 소재

③ 가장 인기 있는 밈의 종류

④ 사람들이 밈을 좋아하는 이유

2 다음 중 글에서 언급된 내용을 고르세요.

내용 파악

① 밈의 소재

② 밈의 역사

③ 밈의 저작권

④ 밈의 상업적 이용

3 빈칸 ⓐ, ⓑ에 들어갈 알맞은 단어를 <보기>에서 찾아 쓰세요.

어휘 파악

보기   casual   seriously   easily   sarcastic   light   naturally

ⓐ ________________   ⓑ ________________

배경지식 ⁺plus

밈(meme)이라는 단어는 리처드 도킨스의 베스트셀러인 《이기적 유전자》(1976)에서 유래되었어요. '복제된 것'이라는 뜻의 그리스 단어 mimema에서 나온 mimeme을, 유전자(gene)와 유사한 한 음절 단어로 만들어서 '밈(meme)'이라는 단어를 만들었어요.

1 요즘 사람들은 종종 재미있는 사진과 비디오를 서로 공유한다.

these days | People | often share | with one another. | funny pictures and videos

2 우리는 이를 '밈'이라고 부른다. 사람들은 몇 가지 이유로 밈을 좋아한다.

People | memes. | We | for a few reasons. | call | memes | love | them

3 첫째, 사람들은 많은 시간을 쓰지 않고도 웃을 수 있다.

without spending much time. | enjoy a laugh | can | First, | people

4 둘째, 많은 밈들이 매우 공감 가는 내용이다.

are | Second, | very relatable. | many memes

5 이들은 학교 행사, 직장 경험, 그리고 우리 삶에서 일어나는 다른 재미있는 일들처럼 일상적인 상황을 자주 다룬다.

everyday situations, | in our lives. | They | and other funny things | often deal with | like school events, work experiences,

6 셋째, 밈은 대부분 유머에 의존한다. 때때로 그 주제는 비꼬는 내용일 수 있지만, 이러한 생각들을 단순하고 재미있게 표현한다.

the topics | but they | mostly rely on humor. | Third, | these ideas simply and humorously. | express | Sometimes | can be | sarcastic, | memes

7 이렇게 하면 사람들은 문제를 너무 심각하게 받아들이지 않는다.

people | This way, | too seriously. | the problems | don't take

The Violin and the Viola

바이올린과 비올라

Grammar Check 문법 배우기

부사 비교급/최상급	‘더 ~하게’라는 비교를 나타낼 때는 부사 앞에 more를 붙이고, ‘가장 ~하게’라는 최상급을 표현할 때는 부사 앞에 most를 붙여요.

부사의 종류	원급(~하게)	비교급(더 ~하게)	최상급(가장 ~하게)
대부분의 부사는 more, most를 붙인다	strongly 튼튼하게 softly 부드럽게	more strongly more softly	most strongly most softly
단어 끝이 –y로 끝나는 경우, y를 i로 고치고 + -er, -est를 붙인다	early 일찍	earlier	earliest
단어 끝이 -e로 끝나는 경우, –r, –st만 붙인다	late 늦게 wide 활짝	later wider	latest widest
1음절 단어 끝에 -er, -est를 붙인다	high 높게 fast 빠르게	higher faster	highest fastest
불규칙 변화	well 잘 far 멀리	better farther	best farthest

Quiz 알맞은 단어를 고르세요.

❶ The singer sang [worst | worse] than in the rehearsal.

❷ Of all the participants, Sue performed the [best | better].

❸ This plant is growing [more | most] rapidly than I expected.

① 그 가수는 리허설 때보다 노래를 더 못 불렀다. ② 모든 참가자들 중에서 수가 가장 공연을 잘했다. ③ 이 식물은 내가 예상했던 것보다 더 빠르게 자라고 있다.

The violin and the viola look very similar. **ⓐ** Both are string instruments. **ⓑ** The biggest string instrument is the contrabass. **ⓒ** The violin is smaller, while the viola is slightly bigger. **ⓓ** The viola has thicker strings, so it produces a richer and deeper sound. The violin, on the other hand, sounds higher and brighter. It often has a sharper sound than the viola. In an orchestra, the violin usually plays the melody while the viola adds a richer sound and blends more smoothly with the other instruments. The violinist often plays the fastest and most energetically.

Words   string 줄   instrument 악기   slightly 약간   orchestra 오케스트라   blend 섞이다, 어울리다
violinist 바이올린 연주자   energetically 활동적으로

1 글의 주제로 가장 적절한 것을 고르세요.
주제 파악

① 바이올린의 다양한 주법
② 오케스트라의 구성과 소리
③ 바이올린과 비올라의 역사
④ 바이올린과 비올라의 차이점

2 다음 글에서 전체 흐름과 관계 <u>없는</u> 문장을 고르세요.
흐름 파악

① a   ② b   ③ c   ④ d

3 글의 내용과 일치하는 것을 고르세요.
내용 일치

① 바이올린은 비올라보다 좀 더 크다.
② 바이올린 현이 더 두껍다.
③ 바이올린은 비올라보다 더 높은 소리를 낸다.
④ 바이올린은 주로 다른 악기와 화음을 만든다.

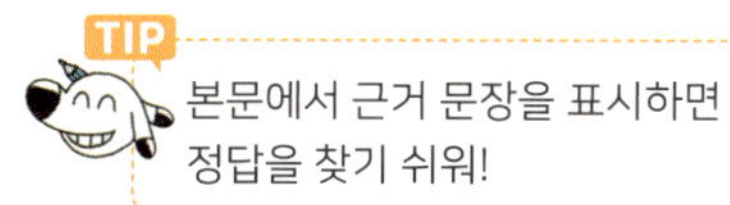

배경지식 plus

현악기란 줄을 튕기거나 활로 그어서 소리를 내는 악기예요. 대표적인 현악기로는 오케스트라 현악기인 바이올린족이 있어요. 바이올린족은 바이올린, 비올라, 첼로, 콘트라베이스 총 4종류의 현악기를 말해요. 크기만 다를 뿐 비슷한 생김새를 가진 목재로 만들어져 있어요. 활로 4개의 줄을 문질러 소리를 내죠.

1 바이올린과 비올라는 매우 비슷하게 생겼다.

[very similar.] [look] [The violin and the viola]

---

2 둘 다 모두 현악기이다.

[are] [Both] [string instruments.]

---

3 바이올린은 더 작은 반면, 비올라는 조금 더 크다.

[while the viola] [is] [The violin] [is] [slightly bigger.] [smaller,]

---

4 비올라는 더 두꺼운 현을 가지고 있어서 더 풍부하고 더 깊은 소리를 낸다.

[has] [The viola] [thicker strings,] [produces] [so it] [a richer and deeper sound.]

---

5 반면에 바이올린은 더 높고 밝은 소리를 낸다. 그것은 종종 비올라보다 소리가 더 날카롭다.

[on the other hand,] [The violin,] [It often] [a sharper sound than the viola.]
[sounds higher and brighter.] [has]

---

6 오케스트라에서 바이올린은 보통 멜로디를 연주하며, 반면에 비올라는 더 풍부한 소리를 더해 다른 악기들과 보다 부드럽게 섞인다.

[usually] [the violin] [In an orchestra,] [plays] [more smoothly] [the melody]
[while the viola] [adds] [and blends] [a richer sound] [with the other instruments.]

---

7 바이올리니스트는 종종 가장 빠르고 가장 에너지 넘치게 연주한다.

[the fastest and] [often] [The violinist] [most energetically.] [plays]

Group Chat Rooms

Grammar Check 문법 배우기

| 빈도부사 | 어떤 일을 얼마나 자주 하는지 또는 어떤 일이 얼마나 자주 일어나는지를 나타내는 부사예요. |

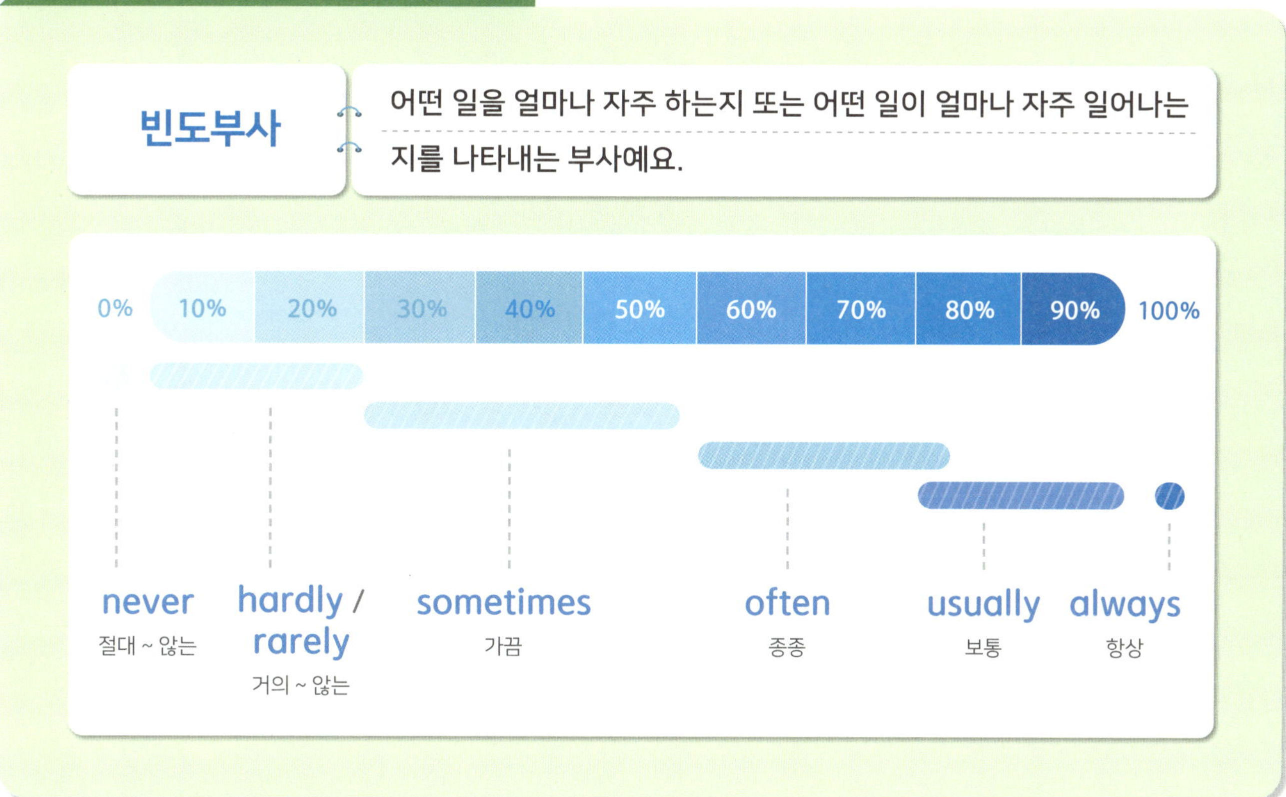

Quiz 알맞은 단어를 고르세요.

1. Do you [always | never] brush your teeth before bed?

2. She [hardly | often] plays soccer after school. It's her favorite sport.

3. My dad [never | usually] skips breakfast. He usually eats cereal or toast.

① 자기 전에 항상 양치를 하니? ② 그녀는 방과 후에 종종 축구를 한다. 축구는 그녀가 가장 좋아하는 운동이다. ③ 우리 아빠는 절대 아침을 거르지 않으신다. 그는 주로 시리얼이나 토스트를 드신다.

Students often use group chat rooms for school projects and assignments. They help students communicate outside of school hours. Students can also usually receive feedback quickly from one another. However, group chats can easily become sources of distraction. Students ⓐ ____________ end up chatting about unrelated things or doing something else on their phones. In addition, some students ⓑ ____________ check their phones, so they might miss important updates. Therefore, I think it's much better for students to meet and discuss their schoolwork face to face.

Words assignment 숙제, 과제　communicate 소통하다　receive 받다　distraction 방해
unrelated 관련 없는

1 글쓴이의 주장으로 가장 적절한 것을 고르세요.

주장 파악

① 학교에서 단체 채팅방 개설을 금지해야 한다.

② 모둠 과제에 모두 공정하게 참여해야 한다.

③ 모둠 과제는 직접 만나서 수행하는 것이 좋다.

④ 단체 채팅방을 통해 교우 관계 문제가 생길 수 있다.

2 글의 와 에 들어갈 말로 알맞은 것을 고르세요.

빈칸 추론

	ⓐ	ⓑ
①	rarely	never
②	always	usually
③	sometimes	rarely
④	sometimes	usually

3 글의 내용과 일치하도록, 빈칸에 들어갈 알맞은 단어를 본문에서 찾아 쓰세요.

내용 요약

Group chats often lead to ____________ and some students don't always check them, so meeting in person can be a better idea.

 plus

온라인 대화에서 주의할 점

1. **사이버 예절 지키기**: 욕설이나 비속어 사용 금지, 상대방을 배려하는 말투 사용, 친구를 놀리거나 왕따를 시키지 않기

2. **개인 정보 보호**: 이름, 학교, 집 주소 등 개인 정보를 타인에게 공유하지 않기, 얼굴이 나온 사진을 프로필 사진에 사용하지 않기

3. **부모님과 소통**: 단체 채팅방에서 불쾌한 경험을 했거나, 낯선 사람의 친구 추가 요청이나 불편한 메시지는 부모님께 즉시 알리기

1 학생들은 종종 학교 프로젝트 및 과제를 위해 단체 채팅방을 사용한다.

group chat rooms | Students | for school projects and assignments. | often use

2 단체 채팅방은 학생들이 학교 시간 외에도 소통할 수 있도록 도와준다.

communicate | students | outside of school hours. | They help

3 학생들은 또한 보통 서로 빠르게 피드백을 받을 수 있다.

usually | Students can also | feedback | receive | quickly from one another.

4 그러나 단체 채팅은 쉽게 방해 요소가 될 수 있다.

group chats | However, | sources of distraction. | can easily become

5 학생들은 때때로 관계없는 것에 대해 이야기하거나 핸드폰으로 딴짓을 하게 된다.

chatting | on their phones. | Students | end up | sometimes | about unrelated things | or doing something else

6 게다가, 일부 학생들은 거의 핸드폰을 확인하지 않아서 중요한 업데이트를 놓칠 수 있다.

rarely | In addition, | some students | important updates. | their phones, | check | so they | might miss

7 따라서 나는 학생들이 직접 만나서 학교 과제를 논의하는 것이 훨씬 낫다고 생각한다.

I think | Therefore, | to meet and discuss | face to face. | their schoolwork | for students | it's much better

Grammar Check 문법 배우기

강조부사	형용사의 원급, 비교급, 최상급의 의미를 강조하는 부사로, '훨씬 더', '단연코', '정말' 등으로 해석해요.

강조부사의 종류	강조 대상	예문
very, so, quite 아주 almost, nearly 거의 just 꼭	원급	His performance was **nearly** perfect. 그의 공연은 거의 완벽했다.
much, far, a lot, even 훨씬 a little, slightly 약간	비교급	She is **even** smarter than me. 그녀는 나보다 훨씬 더 똑똑하다.
by far 단연코 　still 여전히 even 심지어 　quite 정말 the very 월등히, 정말	최상급	She is **the very** best student in our class. 그녀는 우리 반에서 정말 최고로 뛰어난 학생이다.

비교급은 very로 강조
할 수 없어!

Quiz 알맞은 단어를 고르세요.

1. Yul was [so | much] happy with his new sneakers.

2. My younger sister is [much | more] taller than me.

3. Tony got [far | by far] the highest score on the test.

① 율이는 새 운동화가 정말 마음에 들었다. ② 내 여동생은 나보다 훨씬 키가 크다. ③ 토니가 시험에서 단연코 가장 높은 점수를 받았다.

A 3D printer builds things out of plastic. It places tiny bits of plastic layer by layer and repeats this process based on the design. People in the medical field can take advantage of 3D printing technology. For example, they can create prosthetic arms and legs. This method is **a** _________ faster and cheaper than making prosthetic limbs by hand. Doctors can also create organs and body parts and practice doing surgery on them before performing real operations. This is **b** _________ one of the most effective ways for them to practice.

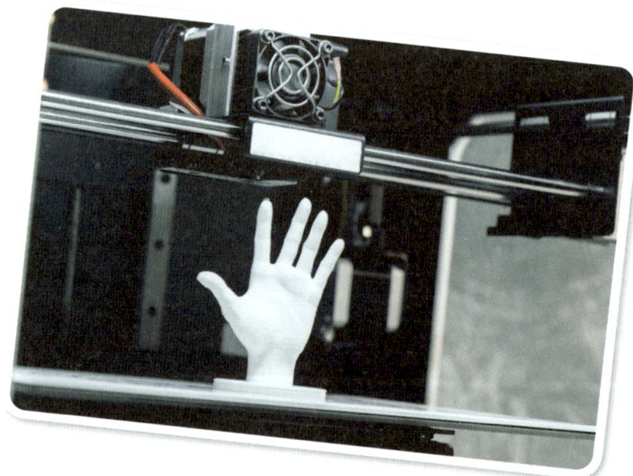

Words   build 만들다   repeat 반복하다   medical field 의료 분야   prosthetic arm 의수
prosthetic leg 의족   surgery 수술

1 글의 주제로 알맞은 것을 고르세요.

주제 파악

① 3D 프린터의 기술적 개선점

② 3D 프린터 기술의 의료적 이용

③ 3D 프린터의 원리와 작동 방식

④ 3D 프린터 기술의 다양한 응용 분야

2 빈칸 ⓐ, ⓑ에 들어갈 말로 바르게 연결된 것을 고르세요.

빈칸 추론

 a    b

① more   very

② much   very

③ more   by far

④ much   by far

3 글의 내용과 일치하도록, 빈칸에 들어갈 알맞은 단어를 본문에서 찾아 쓰세요.

내용 요약

3D printers can be very helpful for people in the ___________ field. They enable doctors to make prosthetics and practice doing ___________ on them.

배경지식 plus

최근 인구의 고령화 추세로 건강에 대한 인식과 관심이 높아지면서 의료기기 산업에서 3D 프린터가 주목받고 있다고 해요. 특히 3D 프린팅 기술은 다품종 소량 생산이 가능하고 환자 맞춤형 제작이 용이해 의료 분야에서 활용성이 매우 커졌어요.

1 3D 프린터는 플라스틱으로 물건을 만든다.

builds | A 3D printer | things out of plastic.

---

2 그것은 아주 작은 플라스틱 조각들을 한 층씩 쌓고, 이 과정을 설계에 따라 반복한다.

It | based on the design. | places | tiny bits of plastic layer by layer | this process | and repeats

---

3 의료 분야에 종사하는 사람들은 3D 프린팅 기술을 활용할 수 있다.

can take advantage of | in the medical field | 3D printing technology. | People

---

4 예를 들어, 그들은 의수와 의족을 만들 수 있다.

they | For example, | prosthetic arms and legs. | can create

---

5 이 방법은 의수와 의족을 손으로 만드는 것보다 훨씬 더 빠르고 저렴하다.

than making prosthetic limbs | This method is | by hand. | much faster and cheaper

---

6 의사들은 또한 장기와 신체 부위를 만들어 실제 수술을 하기 전에 그것으로 수술 연습을 할 수 있다.

and practice | Doctors | before performing | organs and body parts | can | also create | real operations. | doing surgery on them

---

7 이것은 의사들이 연습하는 데 있어 단연코 가장 효과적인 방법 중 하나이다.

the most effective ways | This is | for them to practice. | by far one of

---

1 알맞은 용어에 동그라미하고 빈칸에 알맞은 단어를 써 보세요.

① '더 ~하게' 뜻으로 비교할 때에는 (비교급 / 최상급)을 쓰고, '가장 ~하게'의 의미를 나타 낼 때에는 (비교급 / 최상급)을 써요.

원급(~하게)	비교급(더 ~하게)	최상급(가장 ~하게)
strongly	더 튼튼하게	가장 튼튼하게
happily	더 행복하게	가장 행복하게
early	더 일찍	가장 일찍
late	더 늦게	가장 늦게
high	더 높게	가장 높게
hard	더 열심히	가장 열심히
well	더 잘	최고로
far	더 멀리	가장 멀리

② 어떤 일이 얼마나 자주 일어나는지를 나타내는 부사를 (빈도부사 / 강조부사)라고 해요.

항상		가끔	
보통		거의 ~ 않는	
종종		절대 ~ 않는	

③

그의 공연은 거의 완벽했다.

His performance was   perfect.

그녀는 나보다 훨씬 더 똑똑하다.

She is   smarter than me.

그녀는 우리 반에서 정말 최고로 뛰어난 학생이다.

She is   best student in our class.

2 문장에서 <u>틀린</u> 부분을 찾아 표시하고, 바르게 고쳐 쓰세요.

① They express these ideas simple and humorous.
그것들은 이러한 아이디어들을 간단하고 유머러스하게 표현한다.

____

② The violinist often plays the faster and most energetically.
바이올리니스트는 종종 가장 빠르고 가장 에너지 넘치게 연주한다.

____

③ It often has a more sharp sound than the viola.
그것은 종종 비올라보다 소리가 더 날카롭다.

____

④ Students often uses group chat rooms for school projects and assignments.
학생들은 종종 학교 프로젝트 및 과제를 위해 그룹 채팅방을 사용한다.

____

3 우리말 뜻에 알맞은 단어를 고르세요.

① 직접   ☐ take up   ☐ rely on   ☐ face to face

② 반복하다   ☐ relatable   ☐ unrelated   ☐ repeat

③ 방해   ☐ distraction   ☐ reason   ☐ surgery

④ 숙제, 과제   ☐ orchestra   ☐ string   ☐ assignment

⑤ 악기   ☐ violinist   ☐ instrument   ☐ laugh

⑥ 소통하다   ☐ medical field   ☐ communicate   ☐ prosthetic arm

4 빈칸에 알맞은 단어를 넣어 퍼즐을 완성해 보세요.

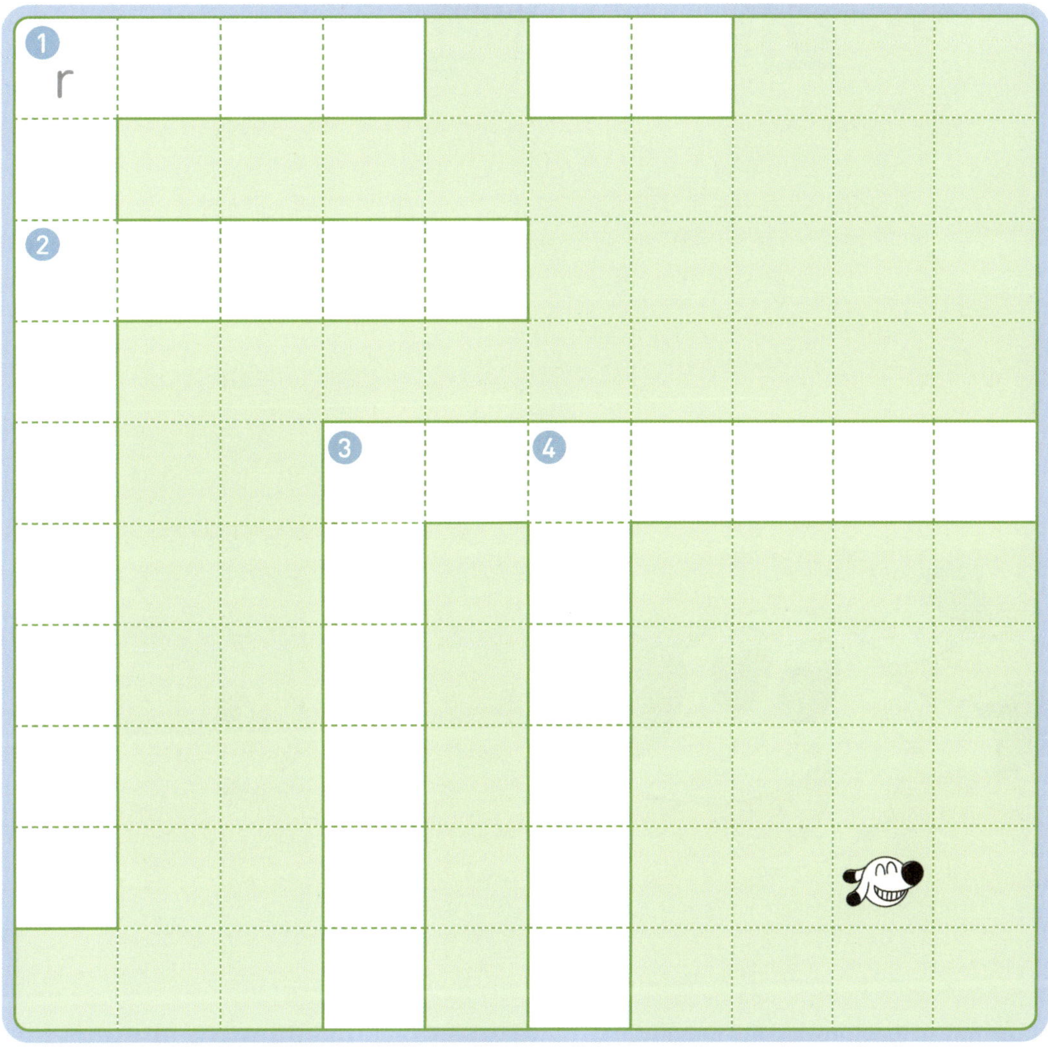

→ Across 가로

1 의존하다 ⇒

2 웃음 ⇒

3 수술 ⇒

↓ Down 세로

1 공감대를 형성하는

⇒

3 줄 ⇒

4 이유 ⇒

지문에서 의문사를 파악하는 것도 중요해요. **의문사는 무엇에 집중해야 하는지, 원하는 정보가 무엇인지** 직설적으로 알려주기 때문이에요.

Marie Curie

Grammar Check 문법 배우기

Who / Whose

사람을 지칭해 누구인지 물을 때는 Who, 누구의 것인지 소유를 물을 때는 Whose를 써요.

의문사	의미	예시
Who	'누구'라는 뜻으로, 누구인지 물을 때	Q: **Who** are they? 그들은 누구니? A: They are scientists. 그들은 과학자들이야.
Whose	'누구의'라는 뜻으로, 소유를 물을 때	Q: **Whose** shoes are these? 이건 누구 신발이야? A: They're **Mr. Lee's.** (=They're Mr. Lee's shoes.) 이 선생님 거야.

Whose 다음에 바로 동사가 오지 않고,
반드시 'Whose + 명사 ~?' 형태로 시작해.
ex) Whose bag is this? (O)
　　Whose is this bag? (X)

Quiz 알맞은 단어를 고르세요.

1. Who | Whose is your best friend?

2. Who | Whose idea was it?

3. Who | Whose was the winner of the contest?

① 네 가장 친한 친구는 누구니?　② 그거 누구 생각이었어?　③ 대회 우승자는 누구였어?

__________ was the first female Nobel Prize winner? It was Marie Curie. She was born in Poland in 1867. She later moved to France and became famous for her groundbreaking work there. She discovered radioactivity and conducted important research on it. This discovery played a key role in developing medical treatments. X-rays, a type of radiation, are vital for diagnosing and treating diseases. They pass through the body and create images of bones and organs. Doctors can find problems like broken bones and even tumors. Marie Curie was a true heroine, wasn't she?

Words　female 여성의　move 옮기다　groundbreaking 획기적인　radioactivity 방사능　conduct (활동을) 하다　treatment 치료　diagnose 진단하다　treat 치료하다　disease 병　organ 장기　tumor 종양　heroine 영웅(과 같은 여자)

1 어법상 빈칸에 들어갈 단어로 알맞은 것을 고르세요.

빈칸 추론

① She　　　② Who　　　③ Whose　　　④ It

2 마리 퀴리에 대해 글에 언급된 내용이 <u>아닌</u> 것을 고르세요.

내용 파악

① 출생 지역

② 연구 분야

③ 업적

④ 건강 상태

3 글의 내용과 일치하도록, 빈칸에 들어갈 알맞은 단어를 본문에서 찾아 쓰세요.

내용 요약

Marie Curie, the first female Nobel Prize winner, made great contributions to the ___________ field through her research on radioactivity.

배경지식 plus

마리 퀴리는 폴란드 출신의 프랑스 과학자로 방사능 연구에서 선구적인 업적을 남겼어요. 그녀는 노벨상을 수상한 첫 번째 여성이며, 노벨상을 두 번 수상한 최초의 과학자이자 유일한 여성이에요. 그녀는 또한 파리 대학에서 최초의 여성 교수가 되었고, 1995년에는 프랑스의 국가적 영웅이 안장되는 파리의 팡테옹에 묻히는 첫 번째 여성이 되었어요.

1 최초의 여성 노벨상 수상자는 누구였을까? 그것은 마리 퀴리였다.

was | the first female Nobel Prize winner? | It was | Who | Marie Curie.

2 그녀는 1867년 폴란드에서 태어났다. 그녀는 후에 프랑스로 이주하여 그곳에서 획기적인 업적으로 유명해졌다.

She | in Poland in 1867. | was born | to France | later moved | and became famous | She | for her groundbreaking work there.

3 그녀는 방사능을 발견하고 이에 대한 중요한 연구를 수행했다.

on it. | important research | She | discovered | radioactivity | and conducted

4 이 발견은 의료 발전에 중요한 역할을 했다.

This discovery | in developing medical treatments. | played | a key role

5 엑스레이는 방사선의 한 종류로, 질병을 진단하고 치료하는 데 필수적이다.

are vital | a type of radiation, | for diagnosing and treating diseases. | X-rays,

6 엑스레이는 몸을 통과하여 뼈와 장기의 이미지를 생성한다.

images of bones and organs. | and create | pass | through the body | They

7 의사들은 골절된 뼈와 심지어 종양과 같은 문제를 발견할 수 있다. 마리 퀴리는 진정한 영웅이었다, 그렇지 않은가?

problems | Doctors | Marie Curie | she? | can find | like broken bones and even tumors. | a true heroine, | was | wasn't

Christmas Bread

Grammar Check 문법 배우기

What / Which	사물, 동물 등을 가리켜 무엇인지 물을 때는 What, 두 가지 이상의 선택사항 중 어떤 것인지를 물을 때는 Which를 써요.

의문사	의미	예시
What	'무엇'이라는 뜻으로, 가리키는 대상을 질문	Q: **What** is the title of the book? 책 제목이 뭐야? A: It's *Anne of Green Gables*. '빨간 머리 앤'이야.
Which	'어떤 것'이라는 뜻으로, 정해진 대상 중에서 선택을 질문	Q: **Which** do you want, juice or milk? 주스와 우유 중 어느 것을 원해? A: I want some juice. 난 주스를 원해.

○ 'What + 명사 ~?', 'Which + 명사 ~?'의 형태로 써서, 특정 정보를 묻는 질문을 할 수도 있어요.

  ex What color do you like? 무슨 색깔을 좋아하니?

      Which subject is the most difficult? 어떤 과목이 가장 어려워?

Quiz 알맞은 어구와 연결하여 문장을 완성하세요.

1. What   ·   · **a** did you visit last year?

2. Which class   ·   · **b** is better, English or math?

3. What countries   ·   · **c** is the name of your school?

① 너희 학교 이름이 뭐야? ② 어떤 수업이 더 나아, 영어 아니면 수학? ③ 작년에 어떤 나라들을 방문했어?

a ___________ are some symbols of Christmas? Some might think of mistletoe while others might mention shiny ornaments. Have you heard of panettone? Panettone is a traditional Christmas bread from Italy. It's filled with dried fruits. People enjoy this sweet, fluffy, dome-shaped bread during Christmas time. People usually enjoy it with hot drinks such as hot chocolate or coffee.

In Germany, there's stollen, a similar bread with dried fruits. It's topped with powdered sugar. People say the shape of the bread represents the baby Jesus in swaddling clothes.

b ___________ bread would you like to try first?

Words symbol 상징   mistletoe (장식용) 겨우살이   eshiny 빛나는   ornament 장식품   fill 채우다
dried fruit 건과일   fluffy 푹신해 보이는   dome-shaped 돔 모양의   similar 비슷한   top 위에 놓다
powdered 가루가 된   represent 나타내다   swaddling clothes (갓난아기용) 포대기

Comprehension Check 문제 풀기

1 글의 제목으로 가장 알맞은 것을 고르세요.

<제목 파악>

① 다양한 성탄절 장식
② 특별한 성탄절 디저트
③ 성탄절 디저트 요리법
④ 유럽의 성탄절 문화

2 빈칸 ⓐ, ⓑ에 들어갈 단어로 바르게 연결된 것을 고르세요.

<빈칸 추론>

ⓐ	ⓑ
① Why	What
② Why	Which
③ What	Which
④ What	Whose

3 글의 내용과 일치하도록, 빈칸에 들어갈 알맞은 단어를 본문에서 찾아 쓰세요.

<내용 요약>

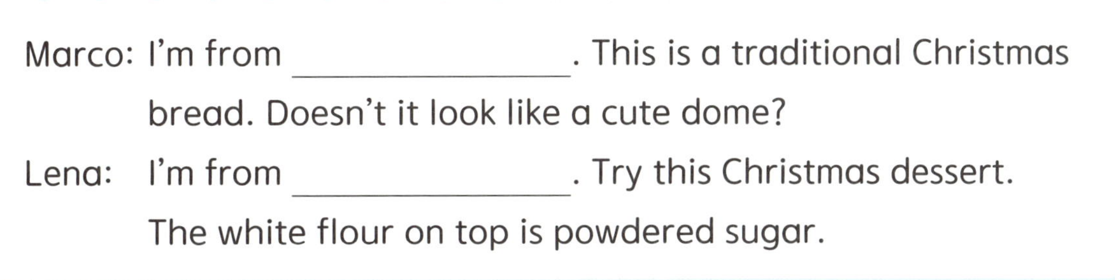

배경지식 plus

대표적인 크리스마스 전통 음식

1. **칠면조(Turkey):** 대표적인 크리스마스 저녁 식사 메뉴로, 칠면조 안에 사과, 견과류, 향신료 등을 넣어서 굽는 방식으로 요리해요.
2. **파이(Pie):** 크리스마스의 달콤한 디저트로, 사과 파이나 펌킨 파이가 매우 인기 있어요.
3. **푸딩(Pudding):** 영국에서 유래한 전통 디저트로 과일, 견과류, 향신료가 풍부해요.
4. **핫초콜릿(Hot Chocolate):** 가족과 함께 핫초콜릿을 마시며 따뜻함을 나눠요.

Sentence Building 영어 문장 쓰기

1 크리스마스의 상징에는 어떤 것들이 있을까?

some symbols of Christmas? are What

2 어떤 사람들은 겨우살이를 떠올리고, 다른 사람들은 반짝이는 장식을 언급할 수도 있다.

while others Some might mention mistletoe shiny ornaments. might think of

3 파네토네에 대해 들어본 적 있니? 파네토네는 이탈리아의 전통적인 크리스마스 빵이다.

heard of from Italy. panettone? is Panettone a traditional Christmas bread Have you

4 이 빵은 말린 과일이 들어 있다. 사람들은 이 달콤하고 폭신한 돔 모양의 빵을 크리스마스 기간 동안 즐긴다.

People It's during Christmas time. dried fruits. filled with enjoy this sweet, fluffy, dome-shaped bread

5 사람들은 보통 핫초콜릿이나 커피 같은 따뜻한 음료와 함께 먹는다.

enjoy it People usually such as hot chocolate or coffee. with hot drinks

6 독일에는 슈톨렌이 있는데, 말린 과일이 들어 있는 비슷한 빵이다. 위에는 설탕 가루가 뿌려져 있다.

It's there's stollen, In Germany, topped with powdered sugar. a similar bread with dried fruits.

7 사람들은 이 빵의 모양이 포대기에 싸인 아기 예수님을 나타낸다고 말한다. 너는 어느 빵을 먼저 먹어 보고 싶니?

represents say People the baby Jesus the shape of the bread to try first? Which bread in swaddling clothes. would you like

Unit 11 — World War II

Grammar Check 문법 배우기

When / Where	시간을 물을 때는 의문사 When, 위치를 물을 때는 의문사 Where를 써요.

의문사	의미	예시
When	'언제'라는 뜻으로, 시간, 요일, 때, 월 등의 시간을 질문	Q: **When** is your birthday? 네 생일은 언제니? A: My birthday is March 21st. 내 생일은 3월 21일이야.
Where	'어디에'라는 뜻으로, 사람, 사물, 장소 등의 위치를 질문	Q: **Where** is the park? 공원은 어디에 있어? A: It's next to the school. 학교 옆에 있어.

'몇 시에'라는 정확한 시각 정보를 물을 때는, 의문사 what을 사용하여 'What time ~?' 의문문으로 써.

Quiz 알맞은 단어를 고르세요.

1. When | Where were you last Friday?

2. When | Where did you wake up this morning?

3. When | Where do you usually go after school?

① 지난주 금요일에 어디 있었니? ② 오늘 아침에 언제 일어났니? ③ 넌 방과 후에는 주로 어디를 가니?

(A) World War II was the largest war in history.

(B) When did World War II take place?

(C) It broke out in 1939.

There were two main sides: the Allies and the Axis. The Allies included countries like the United States, Great Britain, France, and the Soviet Union. The Axis included Germany, Italy, and Japan. The war took place everywhere: on land, at sea, and in the air. The war finally ended in 1945. Unfortunately, more than 70 million people lost their lives during the war. Even today, World War II <u>brings a lump to many people's throats.</u>

1 글의 (A), (B), (C)를 순서대로 배열한 것으로 가장 적절한 것을 고르세요.

순서 파악

① (A) – (C) – (B)

② (B) – (A) – (C)

③ (B) – (C) – (A)

④ (C) – (A) – (B)

2 제2차 세계대전에 대해 언급되지 <u>않은</u> 것을 고르세요.

내용 파악

① 주요 참전국

② 패전 국가

③ 종식 연도

④ 사망자 수

3 밑줄 친 brings a lump to many people's throats와 바꿔 쓸 수 있는 것을 고르세요.

단어 추론

① causes laughter in people

② gives people a sense of relief

③ makes people feel heartbroken

④ leaves people feeling indifferent

 plus

제2차 세계대전의 원인

1. **제1차 세계대전의 여파와 베르사유 조약:** 제1차 세계대전 후, 패전국인 독일은 베르사유 조약으로 엄청난 군사적·경제적 제재를 받게 돼요. 이 과정에서 큰 불만이 생긴 독일은 이후 히틀러라는 강력한 지도자까지 등장하며 침략을 추진해요.

2. **독일의 재무장과 팽창주의:** 히틀러가 독일 총리로 취임하고, 독일은 나치즘으로 팽창주의를 추진했어요.

3. **정치적 이념의 대립:** 민주주의와 전체주의의 충돌도 있었어요. 독일과 이탈리아는 전체주의 국가로 권위주의적인 지도자가 국가를 이끌며 영국, 프랑스, 미국 등의 민주주의 국가에 대항했어요.

Sentence Building 영어 문장 쓰기

1 제2차 세계대전은 언제 일어났지? 1939년에 발생했다.

take place? | in 1939. | When | broke out | did | World War II | It

---

2 제2차 세계대전은 역사상 가장 큰 전쟁이었다.

was | in history. | the largest war | World War II

---

3 두 개의 주요 진영이 있었는데, 연합국과 추축국이다. 연합국에는 미국, 영국, 프랑스, 소련 같은 나라들이 포함되었다.

the Allies and the Axis. | There were | The Allies | included | two main sides: | like the United States, Great Britain, France, and the Soviet Union. | countries

---

4 추축국에는 독일, 이탈리아, 일본이 포함되었다.

included | The Axis | Germany, Italy, and Japan.

---

5 전쟁은 육지, 바다, 공중 어디에서나 일어났다.

everywhere: | took place | on land, at sea, and in the air. | The war

---

6 전쟁은 결국 1945년에 끝났다. 안타깝게도 7천만 명 이상의 사람들이 전쟁 중에 목숨을 잃었다.

The war | in 1945. | finally ended | more than 70 million people | Unfortunately, | during the war. | lost their lives

---

7 오늘날까지도 제2차 세계대전은 많은 사람들을 목메게 한다.

brings | World War II | Even today, | to many people's throats. | a lump

---

Unit 12 — The Pulley

Grammar Check 문법 배우기

Why / How	이유를 물을 때는 의문사 Why, 상태 및 방법을 물을 때는 의문사 How를 써요.

의문사	의미	예시
Why	'왜'라는 뜻으로, 이유를 질문	Q: **Why** are you late? 너는 왜 늦었니? A: Sorry, I missed the bus. 미안해. 버스를 놓쳤어.
How	'어떻게'라는 뜻으로, 상태를 질문	Q: **How** is the weather in Paris? 파리 날씨는 어때? A: It is a bit chilly. 약간 쌀쌀해.
	'어떻게'라는 뜻으로, 방법을 질문	Q: **How** can I get there? 거기에 어떻게 갈 수 있어? A: You can go there by subway. 지하철로 그곳에 갈 수 있어.

> 'How + 형용사/부사 ~?'는 '얼마나 ~하니?'라는 의미로, 정도를 물을 때 써.
> 키(How tall ~?), 나이(How old ~?),
> 수량(How many/much ~?),
> 빈도(How often ~?) 등을 물을 수 있어.

Quiz 알맞은 단어를 고르세요.

1. Why | How do you sleep so late?

2. Why | How does a caterpillar become a butterfly?

3. Why | How heavy is your backpack?

① 너는 왜 그렇게 늦게 자니? ② 애벌레가 어떻게 나비가 되는 거지? ③ 네 책가방은 얼마나 무겁니?

Why do people use a pulley? **a** A pulley helps you lift heavy things more easily. **b** It consists of a wheel with a rope around it. **c** Instead of lifting a heavy object straight up, you pull the rope down. **d** The pulley changes the direction of your force, and the object goes up. This makes it easier to lift things like a bucket of water or a rock with ___________ effort. The more pulleys you use, the ___________ force you need. Where do we see pulleys around us? Think about cranes, elevators, wells, and gym equipment!

Words　pulley 도르래　consist of ~로 구성되다　wheel 바퀴　rope 줄　lift 올리다　straight 똑바로
effort 수고　well 우물　equipment 기구

1 글의 제목으로 가장 적절한 것을 고르세요.

제목 판단

① 도르래의 원리

② 도르래의 발명

③ 도르래의 종류

④ 도르래의 한계

2 다음 문장이 들어갈 곳으로 가장 적절한 곳을 고르세요.

내용 파악

So how does it work?

① 　② 　③ 　④ 

3 빈칸에 공통으로 들어갈 단어로 알맞은 것을 고르세요.

빈칸 추론

① more　② less　③ much　④ little

 plus

도르래의 원리: 무거운 물체를 쉽게 들어 올리는 방법

1. **고정 도르래:** 도르래의 바퀴가 한 곳에 고정되어 있고, 줄을 당기면 바퀴가 돌면서 힘의 방향이 바뀌게 돼요.

2. **움직 도르래:** 도르래의 바퀴가 고정되어 있지 않고, 바퀴가 돌면서 물체가 줄과 함께 움직여요. 힘의 크기는 1/2 가량 줄어들고 힘의 방향은 바뀌지 않아요.

3. **복합 도르래:** 고정 도르래와 움직 도르래를 결합한 도르래예요. 움직 도르래가 많을수록 적은 힘으로 물체를 들어 올릴 수 있어요.

1 사람들은 왜 도르래를 사용할까? 도르래는 무거운 물건을 더 쉽게 들어 올릴 수 있도록 도와준다.

people | use | Why | a pulley? | do | helps you | A pulley | more easily. | lift heavy things

---

2 도르래는 바퀴와 그 주위에 감긴 줄로 구성되어 있다.

consists of | It | around it. | a wheel with a rope

---

3 그렇다면 어떻게 작동할까? 무거운 물건을 위로 바로 들어 올리는 대신, 줄을 아래로 당긴다.

it work? | how does | So | straight up, | Instead of | the rope down. | you pull | lifting a heavy object

---

4 도르래가 힘의 방향을 바꿔 물건이 위로 올라간다.

changes | The pulley | goes up. | and the object | the direction of your force,

---

5 이렇게 하면 물이 담긴 양동이나 바위 같은 것을 더 적은 힘으로 더 쉽게 들어 올릴 수 있다.

to lift things | This makes it easier | with less effort. | like a bucket of water or a rock

---

6 도르래를 더 많이 사용할수록 필요한 힘이 줄어든다.

pulleys you use, | force you need. | The more | the less

---

7 우리 주변 어디에서 도르래를 볼까? 크레인, 엘리베이터, 우물, 운동기구를 생각해 보자!

do we | Where | cranes, elevators, wells, and gym equipment! | Think about | see pulleys around us?

1 우리말 해석에 알맞은 단어를 골라 동그라미하세요.

1

Q: (Who / Whose) are they? 그들은 누구야?
A: They are scientists. 그들은 과학자들이야.

Q: (Who / Whose) shoes are these? 이건 누구 신발이야?
A: They're Mr. Lee's. 이 선생님 거야.

2

Q: (What / Which) is the title of the book? 책 제목이 뭐야?
A: It's *Anne of Green Gables*. '빨간 머리 앤'이야.

Q: (What / Which) do you want, juice or milk?
주스와 우유 중 어느 것을 원해?
A: I want some juice. 난 주스를 원해.

3

Q: (Where / When) is your birthday? 네 생일은 언제니?
A: My birthday is March 21st. 내 생일은 3월 21일이야.

Q: (Where / When) is the park? 공원은 어디에 있어?
A: It's next to the school. 학교 옆에 있어.

4

Q: (Why / How) are you late? 너는 왜 늦었니?
A: Sorry, I missed the bus. 미안해. 버스를 놓쳤어.

Q: (What / How) is the weather in Paris? 파리 날씨는 어때?
A: It is a bit chilly. 약간 쌀쌀해.

Q: (Why / How) can I get there? 거기에 어떻게 갈 수 있어?
A: You can go there by subway. 지하철로 그곳에 갈 수 있어.

2 문장에서 <u>틀린</u> 부분을 찾아 표시하고, 바르게 고쳐 쓰세요.

① How are some symbols of Christmas?
크리스마스의 상징에는 어떤 것들이 있을까?

____

② When World War II take place?
제2차 세계대전은 언제 일어났지?

____

③ What do people use a pulley?
사람들은 왜 도르래를 사용할까?

____

④ So what does it work?
그렇다면 어떻게 작동할까?

____

3 우리말 뜻에 알맞은 단어를 고르세요.

① 진단하다   ☐ effort   ☐ wheel   ☐ diagnose

② 장식   ☐ effort   ☐ conduct   ☐ ornament

③ 기구   ☐ equipment   ☐ organ   ☐ rope

④ 영웅   ☐ well   ☐ heroine   ☐ disease

⑤ 획기적인   ☐ groundbreaking   ☐ easily   ☐ straight

⑥ 발생하다   ☐ treat   ☐ break out   ☐ lift

4 빈칸에 알맞은 단어를 넣어 퍼즐을 완성해 보세요.

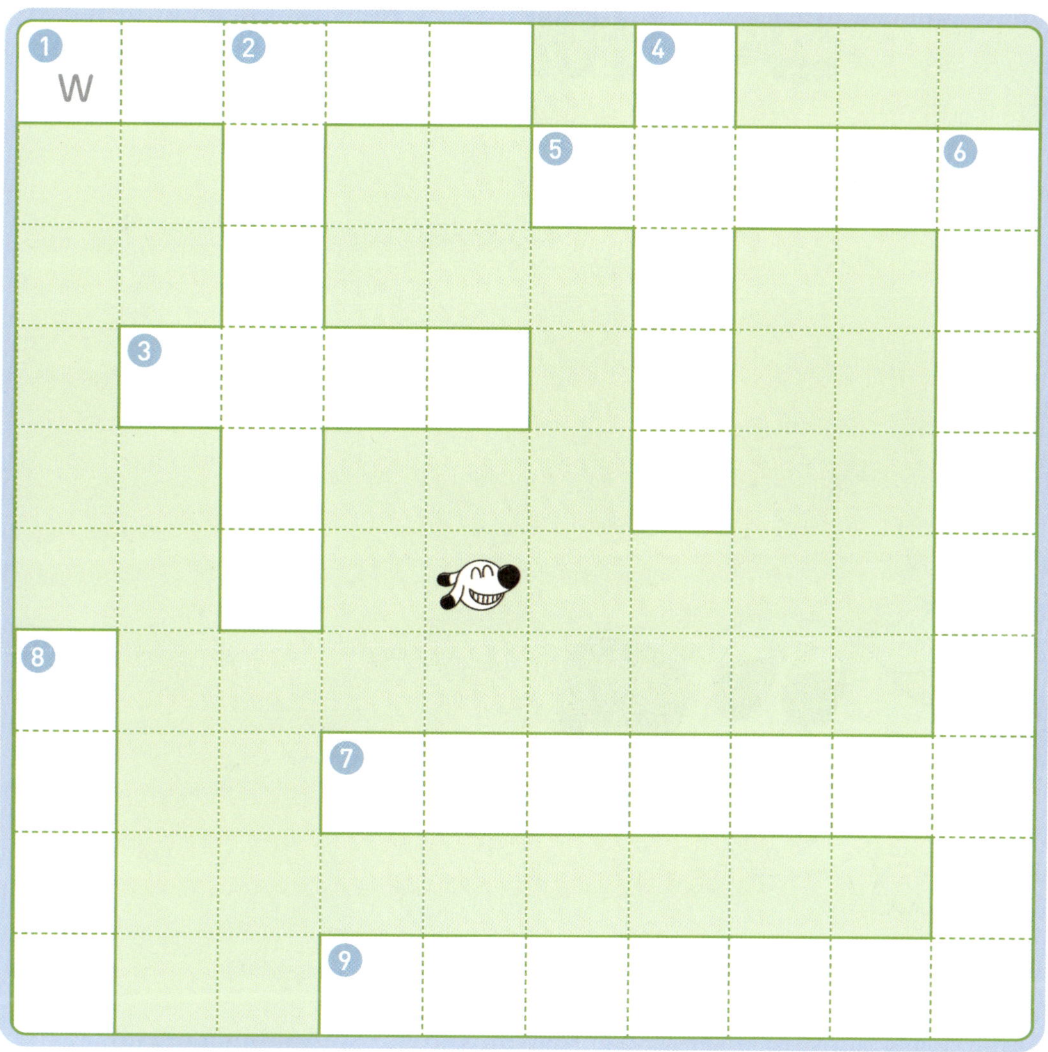

→ Across 가로

1 바퀴 ⇒

3 줄 ⇒

5 치료하다 ⇒

7 병 ⇒

9 (활동을) 하다 ⇒

↓ Down 세로

2 수고 ⇒

4 장기 ⇒

6 치료 ⇒

8 올리다 ⇒

접속사는 글의 흐름과 내용을 파악하는 데 핵심적인 역할을 해요. 단어, 구, 절을 연결하고 문장의 의미와 관계를 명확하게 해 줘요. 글의 논리, 구조 등을 파악할 수 있는 중요한 단서예요!

The Telescope

Grammar Check 문법 배우기

등위 접속사	문장에서 대등하거나 동등한 관계에 있는 단어, 구, 절을 연결하는 접속사예요.

등위 접속사	의미	예시
and	그리고	I was happy **and** relaxed. 나는 행복하고 여유로웠다.
but	그러나, 하지만	This book is expensive **but** good. 이 책은 비싸지만 좋다.
or	혹은, 아니면	Do you want water **or** coffee? 물 마실 거야 아니면 커피 마실 거야?
so	그래서, 그러므로	I met him **so** I was happy. 나는 그를 만나서 행복했다.

> and는 비슷한 내용을 더할 때, but은 반대를 나타낼 때, or는 선택을 제시할 때, so는 결과나 인과 관계를 설명할 때 써.

Quiz 알맞은 단어를 고르세요.

❶ We went to the park (or | and) played on the swings.

❷ Mr. Han enjoys drawing (or | but) cooking on the weekends.

❸ I like ice cream, (and | but) my mom doesn't.

① 우리는 공원에 가서 그네를 탔다. ② 한 선생님은 주말에 그림을 그리거나 요리하는 걸 즐긴다. ③ 나는 아이스크림을 좋아하지만, 우리 엄마는 안 좋아하신다.

A telescope is like a very powerful pair of binoculars. Telescopes are essential for astronomers. They observe stars, galaxies, and unusual cosmic events, and study the moon's surface and craters. Some telescopes use glass lenses or mirrors. They gather more light and make objects appear larger and clearer. These are called optical telescopes.

__________ some objects in the universe are invisible to the naked eye because they don't give off visible light. In those cases, astronomers use telescopes with special sensors or detectors to find invisible signals from space.

Words telescope 망원경   binoculars 쌍안경   essential 필수적인   astronomer 천문학자
observe 관찰하다   unusual 특이한   cosmic event 우주 현상   crater 분화구   naked eye 육안
give off (빛을) 내다   visible light 가시광선   detector 탐지기

1 글의 주제로 가장 적절한 것을 고르세요.

주제 파악

① 망원경의 제작 원리

② 망원경의 성능

③ 망원경의 활용 분야

④ 망원경의 여러 종류

3 빈칸에 들어갈 단어로 알맞은 것을 고르세요.

빈칸 추론

① Or ② So ③ But ④ Yet

3 글에 내용과 일치하지 <u>않는</u> 것을 고르세요.

내용 일치

① 망원경으로 태양계 행성들에 대해 연구할 수 있다.

② 망원경으로 특이한 우주 현상을 관찰하기도 한다.

③ 망원경으로 달의 표면을 관찰할 수도 있다.

④ 육안으로 보이지 않는 물체를 연구하는 망원경은 개발 중이다.

배경지식 plus

우리나라에서 가장 큰 천체 망원경은 경북 영천의 보현산천문대에 있는 1.8M 천체 광학 망원경이에요. 영천 보현산천문대는 우리나라에서 맑은 날이 가장 많고 비가 적게 내리는 지역으로, 소백산맥이 겨울철 동북풍을 막아 주어 눈이 적게 오는 등 장점이 많아 이곳에 천문대가 들어서게 되었대요.

1 망원경은 매우 강력한 쌍안경과 같다. 망원경은 천문학자들에게 필수적이다.

| is like | A telescope | for astronomers. | a very powerful pair of binoculars. |
| are essential | Telescopes |

2 그들은 별, 은하, 그리고 특이한 우주 현상들을 관측하고 달의 표면과 분화구를 연구한다.

| stars, galaxies, and unusual cosmic events, | They | the moon's surface and craters. |
| and study | observe |

3 어떤 망원경은 유리 렌즈나 거울을 사용한다.

| glass lenses or mirrors. | use | Some telescopes |

4 이러한 망원경은 더 많은 빛을 모아 사물을 더 크고 더 선명하게 보이도록 한다.

| gather | They | and make | more light | larger and clearer. | objects appear |

5 이런 망원경은 광학 망원경이라고 불린다.

| are called | optical telescopes. | These |

6 하지만 우주의 어떤 물체들은 가시광선을 방출하지 않기 때문에 육안으로는 볼 수 없다.

| in the universe | to the naked eye | visible light. | are invisible | But some objects |
| don't give off | because they |

7 그런 경우 천문학자들은 특수 센서나 탐지기가 달린 망원경을 사용하여 우주에서 오는 보이지 않는 신호를 찾아낸다.

| use telescopes | In those cases, | astronomers | from space. | to find invisible signals |
| with special sensors or detectors |

Deepfake Technology

Grammar Check 문법 배우기

상관 접속사	짝을 이루어 함께 사용되는 접속사로, 두 개의 단어나 구, 절을 연결해요.

상관 접속사	의미	예시
both A and B	A와 B 둘 다	He speak **both** English **and** Korean fluently. 그는 영어와 한국어 둘 다 유창하게 말한다.
not only A but also B	A뿐만 아니라 B도	She is **not only** intelligent **but also** very kind. 그녀는 똑똑할 뿐만 아니라 매우 친절하다.

○ not only A but also B 구문이 주어 자리에 쓰이면, 동사의 수는 B에 일치해요.

ex Not only Tom but also <u>his sisters</u> like rock music.
  톰뿐만 아니라 그의 누나들도 락 음악을 좋아한다.
  Not only the students but also <u>the teacher</u> was excited.
  학생들뿐만 아니라 선생님도 신이 났다.

Quiz 알맞은 어구와 연결하여 문장을 완성하세요.

❶ Both my mom and my dad ·   · ⓐ plays soccer well.

❷ Not only Jake but also his sister ·   · ⓑ helped his mom.

❸ He not only cleaned his room but also ·   · ⓒ are sleeping.

① 엄마와 아빠 두 분 다 주무시고 계시다. ② 제이크뿐만 아니라 그의 누나도 축구를 잘한다. ③ 그는 자기 방을 청소했을 뿐만 아니라 엄마도 도와드렸다.

(A) One of these significant problems is deepfakes.

(B) Computer technology today is amazing, and people make good use of it.

(C) However, it also comes with some significant problems.

With deepfake technology, people can create fake videos of real people. These videos can look incredibly realistic, so people can easily accept false information as truth. Both individuals and celebrities can become victims of this technology. In this way, deepfakes can not only damage reputations, __________ also spread misinformation and fake news.

Words   significant 중요한, 중대한   incredibly 믿기 힘들 만큼, 매우   realistic 실제 그대로의
accept 받아들이다   fake 가짜의   individual 개인   celebrity 유명 인사   victim 피해자
reputation 평판   misinformation 오정보   fake news 가짜 뉴스

1 글의 (A), (B), (C)를 순서대로 배열한 것으로 가장 적절한 것을 고르세요.

순서 파악

① (A) – (B) – (C)

② (B) – (A) – (C)

③ (B) – (C) – (A)

④ (C) – (B) – (A)

2 빈칸에 들어갈 단어로 가장 알맞은 것을 고르세요.

빈칸 추론

① or　　　② so　　　③ but　　　④ and

3 글의 내용과 일치하도록, 빈칸에 들어갈 알맞은 단어를 본문에서 찾아 쓰세요.

내용 요약

Some people misuse deepfake technology. They create highly ___________ fake videos and confuse many people with ________ information.

배경지식 plus

딥페이크(Deepfake)는 딥러닝(Deep Learning)과 거짓(Fake)의 합성어로, 딥러닝 기술을 사용하는 인간 이미지 합성 기술이에요. 현재는 실존 인물을 대상으로 인공지능을 이용해 실제처럼 보이도록 조작·생성된 모든 비디오, 사진 또는 오디오를 총칭하는 의미로 확정되었어요. 실존 인물과 무관하게 단순히 AI로 생성된 자료는 딥페이크가 아니에요.

1 오늘날의 컴퓨터 기술은 놀라울 정도이며, 사람들은 그것을 잘 활용하고 있다.

is amazing, | make | Computer technology today | good use of it. | and people

2 하지만 몇 가지 심각한 문제들도 따른다.

comes with | However, | it also | some significant problems.

3 이 심각한 문제들 중 하나가 딥페이크이다.

One of | deepfakes. | these significant problems | is

4 딥페이크 기술을 이용하면, 실제 사람들의 가짜 영상을 만들 수 있다.

With deepfake technology, | fake videos of real people. | can create | people

5 이러한 영상은 매우 실제같이 보일 수 있어서, 사람들이 거짓 정보를 진실로 받아들이기 쉽다.

can look | so people | These videos | incredibly realistic, | false information as truth. | can easily accept

6 일반인과 유명인 모두 이 기술의 피해자가 될 수 있다.

can become | victims of this technology. | Both individuals and celebrities

7 이런 방식으로 딥페이크는 평판을 훼손할 수 있을 뿐만 아니라, 잘못된 정보와 가짜 뉴스를 퍼뜨릴 수도 있다.

can not only damage reputations, | deepfakes | In this way, | but also spread | misinformation and fake news.

Unit 15 Microplastics

Grammar Check 문법 배우기

상관 접속사	짝을 이루어 함께 사용되는 접속사로, 두 개의 단어나 구, 절을 연결해요.

상관 접속사	의미	예시
either A or B	A와 B 중 하나	You can **either** stay here **or** come with us. 너는 여기에 머무르거나 우리와 함께 갈 수 있어.
neither A nor B	A와 B 둘 다 아닌	She likes **neither** coffee **nor** tea. 그녀는 커피도 차도 좋아하지 않는다.

- either[neither] A or[nor] B 구문이 주어 자리에 쓰이면, 동사의 수는 B에 일치해요.
  - **ex** Either the teacher or <u>the students</u> are going to write a script.
    선생님이나 학생들이 대본을 쓸 것이다.
    Neither the cats nor <u>the dog</u> eats canned food.
    그 고양이들이나 그 개 모두 통조림 음식을 먹지 않는다.

Quiz 알맞은 단어를 고르세요.

1. [Either | Neither] the boys nor their sister is at home now.

2. Mrs. Kim will either stay home or [go | going] to the mall.

3. May likes neither ice cream [or | nor] cake for dessert.

① 그 남자아이들도 그들의 누나도 지금 집에 없다. ② 김 여사는 집에 있거나 쇼핑몰에 갈 것이다. ③ 메이는 후식으로 아이스크림도 케이크도 좋아하지 않는다.

Microplastics are tiny plastic pieces. They are **a** <u>smaller</u> than 5 mm and come from larger plastic items like bottles, bags, and even some clothing and cosmetics. **b** <u>Did</u> you know that humans can eat as much as one plastic credit card every week? It sounds pretty scary, **c** <u>doesn't</u> it? You can use either a mug **d** <u>and</u> a thermal cup instead of using plastic bottles or disposable cups. Food with lots of fiber can help our bodies get rid of microplastics. Why don't we reduce plastic use and choose alternatives? Let's try to avoid microplastics as much as we can.

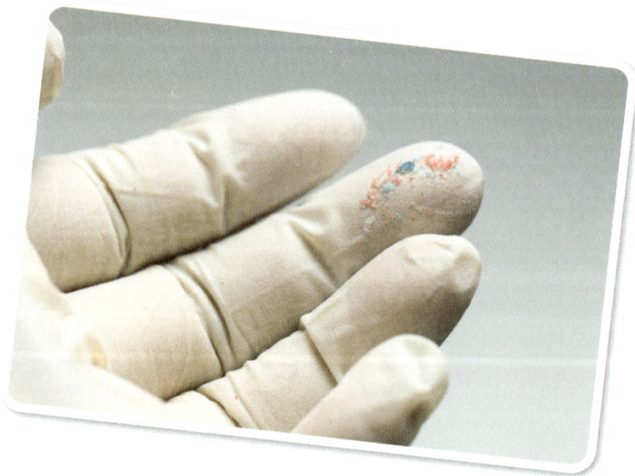

Words　microplastic 미세 플라스틱　tiny 아주 작은　piece (깨어진) 조각　thermal 보온의
disposable 일회용의　fiber 섬유질　get rid of 제거하다　alternative 대체 상품

1 밑줄 친 ⓐ~ⓓ 중 어법상 옳지 <u>않는</u> 것을 고르세요.

문법 파악

① ⓐ   ② ⓑ   ③ ⓒ   ④ ⓓ

2 미세 플라스틱에 대해 글에 언급되지 <u>않은</u> 내용을 고르세요.

내용 파악

① 다양한 발생 경로

② 인체에 미치는 영향

③ 배출에 이로운 음식

④ 흡수를 줄이기 위한 방법

3 글의 내용과 일치하도록, 빈칸에 들어갈 알맞은 단어를 본문에서 찾아 쓰세요.

내용 요약

Microplastics are harmful, so we can either ___________ plastic use or ___________ safer alternatives. Eating fiber-rich food also helps.

 plus

미세 플라스틱은 환경적으로 해양 오염의 주범으로도 꼽혀요. 또한 미세한 입자들이 멈추지 않고 지구를 순환해서 먹이 사슬을 통해 다시 우리 식탁으로 올 수도 있어요. 물 한 잔과 음식 한 조각에서도 발견된다는 미세 플라스틱의 미세 입자들이 우리 몸속에 들어오면 어떤 일이 벌어질까요? 최근 연구 결과에 따르면 미세 플라스틱이 체내로 흡수되면 여러 장기에서 염증을 유발하거나 호르몬의 불균형을 초래할 수 있어요.

Sentence Building 영어 문장 쓰기

1 미세 플라스틱은 아주 작은 플라스틱 조각이다.

[tiny plastic pieces.] [are] [Microplastics]

2 그것들은 5mm보다 작으며, 병, 가방, 심지어 일부 의류 및 화장품 같은 더 큰 플라스틱 제품에서 나온다.

[and come from larger plastic items] [smaller than 5 mm] [They are]
[and even some clothing and cosmetics.] [like bottles, bags,]

3 사람들이 매주 플라스틱 신용카드 한 장만큼의 플라스틱을 먹을 수 있다는 사실을 알고 있었니?

[that humans] [Did you know] [can eat] [every week?] [as much as one plastic credit card]

4 꽤 무섭게 들린다, 그렇지 않은가? 너는 플라스틱 병이나 일회용컵을 사용하는 대신 머그컵이나 보온컵을 사용할 수 있다.

[pretty scary,] [it?] [instead of] [It sounds] [doesn't] [can use either] [You] [a mug]
[or a thermal cup] [or disposable cups.] [using plastic bottles]

5 섬유질이 많이 포함된 음식은 우리 몸이 미세 플라스틱을 배출하는 데 도움이 될 수 있다.

[with lots of fiber] [Food] [can help] [of microplastics.] [our bodies get rid]

6 우리 플라스틱 사용을 줄이고 대체 제품을 선택하는 게 어떤가?

[reduce] [Why don't we] [plastic use] [alternatives?] [and choose]

7 미세 플라스틱을 최대한 피하도록 노력하자.

[Let's] [we can.] [as much as] [microplastics] [try to avoid]

Unit 16 Precommitment

Grammar Check 문법 배우기

| 부사절을 이끄는 접속사 | | 시간, 조건, 정도 등을 나타내는 부사절을 이끄는 접속사로, 주절의 의미를 보충해요. |

접속사	의미	예시
as soon as	~하자마자	He was happy **as soon as** he passed the test. 그는 시험을 통과하자마자 기뻐했다.
as long as	~하는 한 (시간, 조건 등)	You can play games **as long as** you want. 원하는 만큼 게임해도 돼. (시간) **As long as** it doesn't rain, we'll go camping. 비가 오지 않는 한, 우리는 캠핑을 갈 것이다. (조건)
as far as	~하는 한 (정도, 범위, 거리)	He handed in his essay **as far as** I know. 내가 알기로는 그는 에세이를 제출했다.

Quiz 알맞은 어구와 연결하여 문장을 완성하세요.

1. As long as she's honest,   ·
2. As soon as I get home,   ·
3. As far as I'm aware,   ·

a. I'll call you.
b. she's not coming.
c. I trust her.

① 그녀가 정직하다면 난 그녀를 믿는다. ② 집에 도착하자마자 전화할게. ③ 내가 알기로는, 그녀는 오지 않을 것이다.

Is it easy for you to set a goal and stay on track? Not many people would say yes. Precommitment can help you succeed. You make plans and tell other people about your resolutions.

For example, you might tell your parents, " a ______ __________ I get home, I'll finish my homework." This is a form of precommitment. Or your brother might say to his friends, "I won't check my phone b __________ I'm in the library." It's tempting to do something else, but precommitment makes it easier to stick to your plans.

Words   set a goal 목표를 세우다   stay on track 계획을 지키다   precommitment 사전 약속
resolution 결심   tempting 유혹적인   stick to 굳게 지키다

1 글의 내용과 가장 관련이 있는 속담을 고르세요.

내용 일치

① Time is money.
② A promise is a debt.
③ The more, the better.
④ The early bird catches the worm.

2 빈칸 ⓐ, ⓑ에 들어갈 알맞은 말을 <보기>에서 찾아 써 보세요.

문법 파악

보기　　as far as　　　as long as　　　as soon as

ⓐ ______________________　　　ⓑ ______________________

3 다음 중 'precommitment'의 예로 알맞은 것을 고르세요.

내용 파악

① Writing a journal every night
② Telling your parents your study plan
③ Saving money before going on a trip
④ Finishing homework before playing games

 plus

스터디 플래너를 활용한 학습 계획 세우기 꿀팁

1. 시간 단위로 계획 쓰기: 공부 계획을 달성하기 위해서 예상 시간과 실제 소요 시간을 같이 쓰면 좋아요.

2. 학습 목표와 진도를 구체화하기: 개인의 학습 속도에 맞춰 공부 계획을 세우는 것이 효과적이에요.

3. 공부 순서 표기하기: 잘하는 과목과 싫어하는 과목을 번갈아 넣어 학습의 강약을 조절해야 해요.

1 너는 목표를 설정하고 계획을 지키는 것이 쉬운가? 많은 사람들이 '예'라고 말하지는 않을 것이다.

easy | and stay on track? | to set a goal | Is it | for you | say yes. | Not many people would

---

2 사전 약속은 네가 성공하는 데 도움이 될 수 있다.

can help | you succeed. | Precommitment

---

3 계획을 세우고 그 결심을 다른 사람들에게 알리는 것이다.

and tell | You | plans | make | about your resolutions. | other people

---

4 예를 들어, 부모님께 "집에 도착하자마자 숙제를 끝낼 거예요"라고 말할 수 있다.

you | For example, | my homework." | might tell | "As soon as | your parents, | I'll finish | I get home,

---

5 이것이 사전 약속의 한 형태이다.

This | a form of precommitment. | is

---

6 또는 너의 형이 친구들에게 "나는 도서관에 있는 한 핸드폰을 확인하지 않을 거야"라고 말할 수도 있다.

might say | Or your brother | "I won't | my phone | check | as long as | in the library." | I'm | to his friends,

---

7 다른 일을 하고 싶을 수도 있지만, 사전 약속은 계획을 지키는 것을 더 쉽게 해 준다.

to do something else, | It's tempting | to your plans. | makes it | but precommitment | easier to stick

1 우리말 해석에 알맞은 단어를 골라 동그라미하세요.

1

I was happy (and / but) relaxed. 나는 행복하고 여유로웠다.

This book is expensive (and / but) good. 이 책은 비싸지만 좋다.

Do you want water (or / and) coffee? 물 마실 거야 아니면 커피 마실 거야?

I met him (or / so) I was happy. 나는 그를 만나서 행복했다.

2

He speak (both / not only) English and Korean fluently.
그는 영어와 한국어 둘 다 유창하게 말한다.

She is not only intelligent (and / but also) very kind.
그녀는 똑똑할 뿐만 아니라 매우 친절하다.

3

You can either stay here (or / and) come with us.
너는 여기에 머무르거나 우리와 함께 갈 수 있어.

She likes (either / neither) coffee nor tea.
그녀는 커피도 차도 좋아하지 않는다.

4

He was happy (as soon as / and) he passed the test.
그는 시험을 통과하자마자 기뻐했다.

You can play games (but / as long as) you want.
원하는 만큼 게임해도 돼.

He handed in his essay (as far as / as long as) I know.
내가 알기로는 그는 에세이를 제출했다.

2 문장에서 <u>틀린</u> 부분을 찾아 표시하고, 바르게 고쳐 쓰세요.

① So some objects in the universe are invisible to the naked eye.
하지만 우주의 어떤 물체들은 육안으로는 볼 수 없다.

② Both individuals or celebrities can become victims of this technology.
일반인과 유명인 모두 이 기술의 피해자가 될 수 있다.

③ You can use either a mug nor a thermal cup.
너는 머그컵이나 보온컵을 사용할 수 있다.

④ As soon as get home, I'll finish my homework.
나는 집에 도착하자마자 숙제를 끝낼 거야.

3 우리말 뜻에 알맞은 단어를 고르세요.

① 대체 상품 ☐ astronomer ☐ disposable ☐ alternative

② 육안 ☐ visible light ☐ naked eye ☐ piece

③ 가짜의 ☐ tiny ☐ realistic ☐ fake

④ 굳게 지키다 ☐ give off ☐ tempting ☐ stick to

⑤ 사전 약속 ☐ precommitment ☐ resolution ☐ reputation

⑥ 계획을 지키다 ☐ set a goal ☐ stay on track ☐ get rid of

4 빈칸에 알맞은 단어를 넣어 퍼즐을 완성해 보세요.

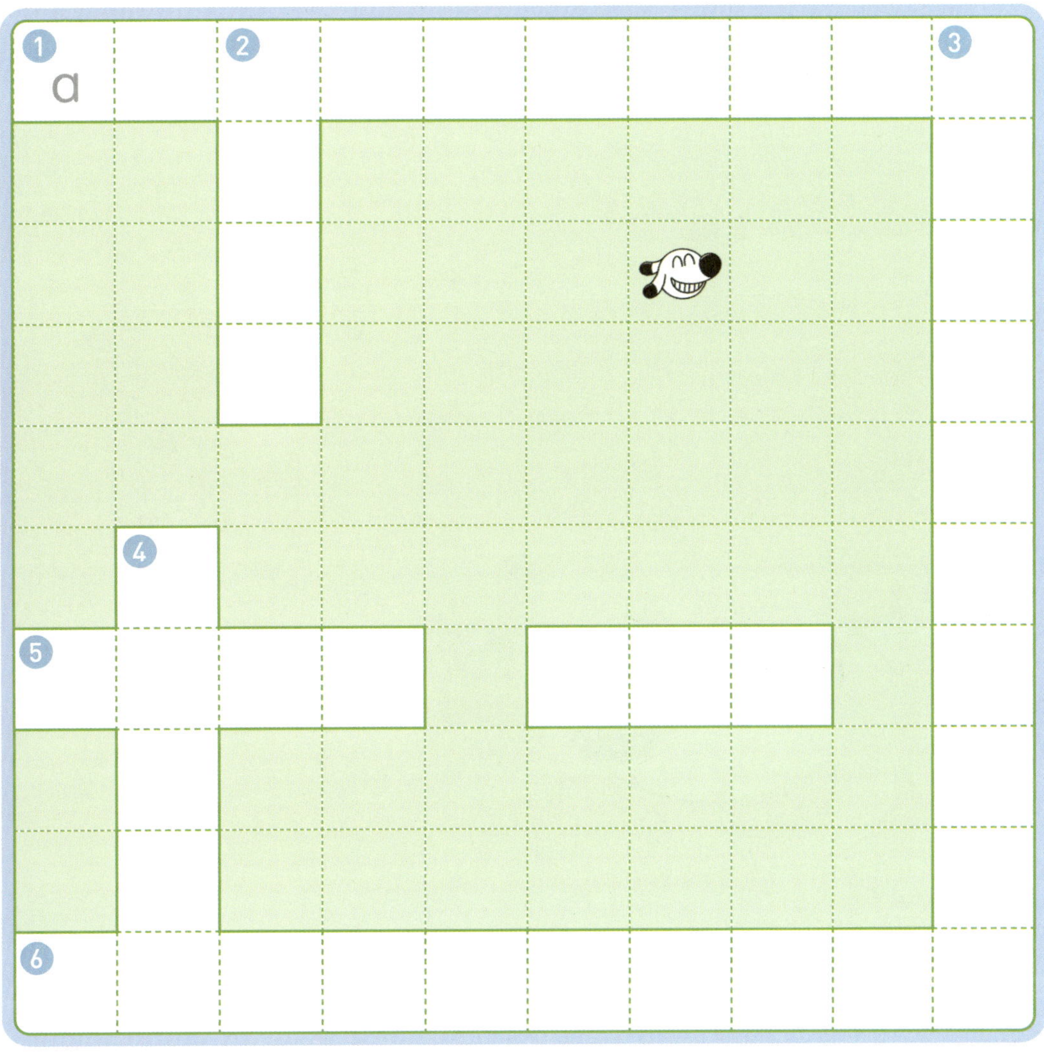

→ Across 가로

1 천문학자 ⇒

5 (빛을) 내다 ⇒

6 평판 ⇒

↓ Down 세로

2 아주 작은 ⇒

3 결심 ⇒

4 조각 ⇒

5

접속사에 집중해서 읽기 2

접속사가 이끄는 부사절은 주절의 의미를 보충해 줘요. **이럴 때 사용되는 접속사를 (주절에 종속되어 있어서) 종속 접속사라고 해요.** 이유, 시간, 조건, 양보 등 다양한 의미를 주절에 더해 줘요!

The Government

정부

Grammar Check 문법 배우기

이유를 나타내는 접속사   '~ 때문에'라는 이유를 나타내는 접속사예요.

접속사	의미	예시
because	~ 때문에, ~해서	I'm tired **because** I didn't sleep very well. 나는 잠을 잘 못 자서 피곤하다. **Because** we arrived late, we missed the bus. 우리가 늦게 도착했기 때문에 버스를 놓쳤다.
as	~ 때문에, ~해서	She came here **as** it was getting dark. 어두워지고 있어서 그녀는 여기에 왔다. **As** I was tired, I soon fell asleep. 피곤했기 때문에 나는 곧 잠이 들었다.
since	~ 때문에, ~해서	**Since** it was raining, I bought an umbrella. 비가 오고 있어서 나는 우산을 샀다. He stayed home, **since** he wasn't in the mood. 그는 기분이 좋지 않았기 때문에 집에 있었다.

○ because, as, since가 이끄는 종속절은 원인 및 이유, 주절은 결과를 나타내요.

접속사가 이끄는 절은 문장 맨 앞에 올 수도 있고, 주절 뒤에 올 수도 있어!

Quiz 알맞은 어구와 연결하여 문장을 완성하세요.

1 Lola didn't eat the cake   ·

2 Since I have nothing to wear,   ·

3 As students had no more questions,   ·

· a I should go to the mall.

· b the lecture ended earlier.

· c because she's allergic to nuts.

① 롤라는 견과류 알레르기가 있어서 케이크를 먹지 않았다. ② 입을 옷이 없어서 쇼핑몰에 가야겠다. ③ 학생들이 더 이상 질문이 없어서 강의가 좀 더 일찍 끝났다.

A country, a city, or a town needs a government. The government makes sure everything works well and people are safe. It has many important jobs. One of them is to protect the country. People are safe and treated fairly ⓐ ___________ police officers, firefighters, and soldiers work with the government. The government also builds things for the public good. It builds schools, hospitals, and libraries. These places help people live better lives. Another job is to help people in need. ⓑ ___________ some people don't have enough food or access to medical care, the government provides support and creates helpful policies.

Words　government 정부　protect 보호하다　soldier 군인　public good 공공의 이익
medical care 의료 서비스　policy 정책

1 글의 주제로 가장 적절한 것을 고르세요.

주제 파악

① 정부의 역할
② 공무원의 의무
③ 정부 조직 체계
④ 국가의 구성 요소

2 글의 빈칸 , 에 들어갈 단어로 알맞게 연결된 것을 고르세요.

빈칸 추론

	ⓐ	ⓑ
①	since	While
②	while	When
③	because	Since
④	although	As

3 다음 문장의 빈칸에 들어갈 말로 적절하지 <u>않은</u> 것을 고르세요.

내용 요약

> As we have the government, ________________________.

① people can live safely
② there are great hospitals
③ children enter schools
④ food companies exist

 plus

민주 정치의 원리 중 하나는 국가의 권력을 나누는 것이에요. 우리나라에서는 국회는 입법부, 법원은 사법부, 정부는 행정부로 국가 권력이 나뉘어져 있어요. 국가의 권력을 세 개로 나누어서 삼권 분립이라고 하죠. 삼권 분립을 하는 이유는 국가 권력이 어느 한 곳에 집중되어 생기는 독재를 막기 위해서예요.

Sentence Building 영어 문장 쓰기

1 나라, 도시 또는 마을에는 정부가 필요하다.

needs | a government. | a city, or a town | A country,

---

2 정부는 모든 것이 잘 작동되고 사람들이 안전하게 지낼 수 있도록 보장한다.

everything works well | and people | The government | are safe. | makes sure

---

3 정부는 많은 중요한 일을 한다. 그 중 하나는 나라를 보호하는 일이다.

It has | is | many important jobs. | One of them | the country. | to protect

---

4 경찰관, 소방관, 군인들이 정부와 함께 일하기 때문에 사람들은 안전하고 공정하게 대우받는다.

and treated fairly | People | with the government. | are safe | because | work

police officers, firefighters, and soldiers

---

5 정부는 또한 공공의 이익을 위한 시설들을 짓는다. 정부는 학교, 병원, 도서관을 짓는다.

for the public good. | It builds | The government | schools, hospitals, and libraries.

also builds things

---

6 이러한 장소들은 사람들이 더 나은 삶을 살도록 돕는다. 또 다른 역할은 도움이 필요한 사람들을 돕는 일이다.

live better lives. | help | These places | people | in need. | is to help people

Another job

---

7 일부 사람들은 충분한 음식이나 의료 서비스를 받지 못하기 때문에, 정부는 지원을 제공하고 도움이 되는 정책을 만든다.

or access | don't have | Since | some people | to medical care, | enough food

and creates helpful policies. | the government provides support

---

Unit 18 — A Hat Trick

Grammar Check 문법 배우기

시간을 나타내는 접속사	언제, 어떤 시점에 일이 일어나는지 시간의 의미를 보충해 주는 접속사예요.

접속사	의미	예시
when	~하는 때, ~하면	I'll call you **when** I get home. 집에 가면 너에게 전화할게.
while	~하는 동안[사이]에	He called **while** you were out. 네가 외출 중일 때 그가 전화했다.
as	~하는 동안에, ~하면서	She sang **as** she walked. 그녀는 걸으면서 노래를 불렀다.

- while과 as는 주로 두 가지 일이 동시에 일어날 때 쓰여요.
- 동시동작을 나타내는 종속 접속사절에는 진행형 시제가 자주 쓰여요.
  ex While I was texting, my mom entered my room.
  내가 문자를 하고 있는 중에 엄마가 방에 들어오셨다.

Quiz 알맞은 단어를 고르세요.

1. [As | When] I was younger, I loved swimming.

2. [Since | While] she was studying grammar, I reviewed my essay.

3. Ben waved at me [as | because] the bus drove away.

① 나는 어렸을 때 수영을 정말 좋아했다. ② 그녀가 문법 공부를 하고 있는 동안, 나는 내 에세이를 검토했다. ③ 버스가 떠날 때 벤이 나에게 손을 흔들었다.

Have you ever heard of a hat trick? We often use this phrase __________ a soccer player scores three goals in one game. A hat trick brings great excitement to both players and fans in sports like soccer and hockey.

ⓐ The term first appeared in 1858, when cricketer H.H. Stephenson took three wickets in a row during a match. ⓑ His fans bought him a new hat to celebrate his amazing achievement. ⓒ In hockey, fans sometimes celebrate a hat trick by throwing their hats onto the ice! ⓓ

Words   phrase 구절, 관용구   excitement 흥분   cricketer 크리켓 선수   wicket (크리켓 용어) 위켓(타자가 서 있는 곳에 있는 세 개의 기둥과 두 개의 작은 가로 막대)   celebrate 축하하다   achievement 업적

1 빈칸에 들어갈 단어로 가장 알맞은 것을 고르세요.

빈칸 추론

① when　　② until　　③ since　　④ because

2 글에 언급된 내용이 <u>아닌</u> 것을 고르세요.

내용 파악

① 해트트릭이 나오는 스포츠 종류
② 해트트릭 용어의 역사
③ 해트트릭을 기록한 축구 선수
④ 하키에서 해트트릭을 축하하는 방식

3 다음 문장이 들어갈 위치로 알맞은 곳을 고르세요.

흐름 파악

This fun tradition marked the beginning of the term "hat trick" in cricket.

①  a　　②  b　　③  c　　④  d

배경지식 plus

한국에서는 해트트릭을 축구 경기에서 한 선수가 세 골을 득점한 것을 지칭하는 용어로만 아는 경우가 많은데, 해트트릭은 여러 스포츠 종목에서 선수 한 명 또는 한 팀이 세 번의 뛰어난 플레이를 한 것을 의미해요. 크리켓, 야구, 핸드볼, 하키, 아이스하키, 럭비 등 다른 종목에서도 두루 사용하는 용어예요.

1 해트트릭이라는 말을 들어본 적 있니?

a hat trick? | ever heard of | Have you

___

2 우리는 이 표현을 축구 선수가 한 경기에서 세 골을 넣었을 때 자주 사용한다.

when | in one game. | We often use | this phrase | a soccer player | three goals | scores

___

3 해트트릭은 축구와 하키 같은 스포츠에서 선수들과 팬들 모두에게 큰 흥분을 안겨 준다.

brings | in sports like soccer and hockey. | to both players and fans | A hat trick | great excitement

___

4 이 용어는 1858년에 처음 등장했는데, 크리켓 선수인 H.H. 스티븐슨이 경기 중에 연속으로 세 명의 타자를 아웃시켰을 때였다.

in 1858, | during a match. | appeared | The term first | when | three wickets | took | in a row | cricketer H.H. Stephenson

___

5 그의 팬들은 그의 놀라운 업적을 축하하기 위해 그에게 새 모자를 사 주었다.

to celebrate | him | His fans | bought | his amazing achievement. | a new hat

___

6 이 재미있는 전통이 크리켓에서 '해트트릭'이라는 용어의 시작이었다.

"hat trick" | the beginning of the term | This fun tradition | in cricket. | marked

___

7 하키에서는 팬들이 때때로 자신의 모자를 얼음 위로 던지면서 해트트릭을 축하한다!

by throwing their hats | celebrate | In hockey, | a hat trick | onto the ice! | fans sometimes

___

The Changing Siesta

Grammar Check 문법 배우기

조건을 나타내는 접속사	‘만약 ~라면’, 또는 ‘만약 ~가 아니라면’이라는 조건을 나타내는 접속사예요.

접속사	의미	예시
if	~하면, 만약 ~라면	**If** you study hard, you will pass the exam. 네가 열심히 공부하면 시험에 합격할 것이다.
unless	~하지 않으면, 만약 ~가 아니라면	**Unless** you hurry, you will miss the bus. 네가 서두르지 않으면 버스를 놓칠 것이다.

- ‘unless ~’ 종속절은 ‘if ~ not’과 바꿔 쓸 수 있어요.
  - **ex** I won't eat it **unless** you try it first. = I won't eat it **if** you **don't** try it first.
    네가 먼저 먹어 보지 않으면 난 안 먹을 거야.
- 조건절이 미래의 일을 나타내는 경우에도 동사의 시제는 현재시제를 써요.
  - **ex** If it **rains** tomorrow, we**'ll** stay home.
    내일 비가 오면 우리는 집에 있을 거야.

Quiz 알맞은 단어를 고르세요.

1. We can go to the amusement park   if | unless   the weather is fine.

2.   If | Unless   I see the Eiffel Tower, I'll take hundreds of pictures.

3. The teacher never starts the class   if | unless   everybody is seated.

① 날씨가 좋으면 우리는 놀이공원에 갈 수 있다. ② 내가 에펠탑을 보게 된다면 나는 사진을 수백 장 찍을 것이다. ③ 그 선생님은 모두 자리에 앉지 않으면 수업을 절대 시작하지 않는다.

Spain has the tradition of the siesta, a short nap between 1:00 p.m. and 4:00 p.m. It helps people avoid the hottest part of the day and recharge before continuing work in the evening. It still exists, but in larger cities like Madrid and Barcelona, it's less common. In urban areas, many businesses are now open throughout the afternoon. Members of the younger generations work longer hours and can't have long breaks.

Therefore, a siesta isn't feasible for many _________ they run their own business. If you visit rural areas, however, you might see people getting some midday rest.

Words tradition 전통　nap 낮잠　avoid 피하다　recharge 재충전하다　continue 계속하다
urban 도시의　feasible 실현 가능한　rural 시골의　midday 정오, 한낮

1 글의 내용과 가장 관련이 있는 속담을 고르세요.

내용 파악

① Two heads are better than one.
② The early bird catches the worm.
③ Make hay while the sun is shining.
④ All work and no play makes Jack a dull boy.

2 글에 언급된 내용이 <u>아닌</u> 것을 고르세요.

내용 파악

① 시에스타의 문제점
② 시에스타를 하는 목적
③ 시에스타가 사라지고 있는 이유
④ 시에스타 풍습이 남아 있는 곳

3 빈칸에 들어갈 단어로 가장 적절한 것을 고르세요.

빈칸 추론

① if　　② unless　　③ since　　④ while

배경지식 plus

시에스타 문화는 원래 한여름에 노동자들이 뜨거운 태양을 피하려는 목적으로 생겨났어요. 그러다가 차츰 일의 능률이 떨어지는 점심시간 이후 잠깐 낮잠을 자는 스페인의 전통 문화로 자리잡게 되었다고 해요. 시에스타는 보통 오후 1~4시에 이뤄지는데요, 이때 공원이나 해변가에 가면 잔디밭이나 벤치, 모래사장 위에 누워서 낮잠을 즐기거나 책을 읽는 사람들을 흔히 볼 수 있어요.

Sentence Building 영어 문장 쓰기

1 스페인에는 시에스타라는 전통이 있는데, 오후 1시부터 4시 사이에 짧게 자는 낮잠이다.

has | Spain | 1:00 p.m. and 4:00 p.m. | a short nap between | the tradition of the siesta,

2 시에스타는 사람들이 하루 중 가장 더운 시간대를 피하고, 저녁에 일을 계속하기 전에 재충전하는데 도움이 된다.

avoid the hottest part of the day | people | and recharge | It helps | in the evening. | before continuing work

3 시에스타는 여전히 존재하지만, 마드리드나 바르셀로나 같은 대도시에서는 덜 흔하다.

but in larger cities | it's | less common. | It still exists, | like Madrid and Barcelona,

4 도시 지역에서는 많은 상점들이 이제 오후 내내 문을 연다.

are now open | In urban areas, | throughout the afternoon. | many businesses

5 젊은 세대들은 더 오랜 시간 일하고, 긴 휴식을 취할 수 없다.

longer hours | Members of the younger generations | long breaks. | work | and can't have

6 따라서 시에스타는 자영업을 하는 사람이 아니라면 많은 사람들에게 실현 가능하지는 않다.

isn't feasible | they run | a siesta | Therefore, | their own business. | unless | for many

7 하지만 시골 지역을 방문하면 사람들이 한낮에 쉬는 모습을 볼 수도 있다.

might see | If you | however, | visit rural areas, | you | getting some midday rest. | people

Unit 20 The Paralympics

Grammar Check 문법 배우기

양보를 나타내는 접속사	예상과 다르거나 대조되는 상황, 또는 양보하여 수긍하는 내용을 나타내는 접속사예요.

접속사	의미	예시
although	~이지만	**Although** it was raining, we went for a walk. 비가 오고 있었지만 우리는 산책하러 갔다.
even though	~인데도	The runner didn't stop **even though** he was in pain. 그 주자는 고통스러웠지만 멈추지 않았다.

○ 사실을 바탕으로 한 내용이 아니라, 상황을 가정하는 내용일 때는 접속사 even if(~하더라도, ~일지라도)를 써요.

ex The coach will support the player even if he loses.
그 선수가 지더라도 감독은 그를 지지해 줄 거야.

Quiz 알맞은 어구와 연결하여 문장을 완성하세요.

1 The boy didn't feel bored · · a the grades went down.

2 Even though he studied hard, · · b although the movie was long.

3 His mom didn't forgive him · · c even though he apologized.

① 영화가 길었지만 그 소년은 지루해하지 않았다. ② 그가 열심히 공부했지만 성적은 떨어졌다. ③ 그가 사과를 했지만 그의 엄마는 그를 용서하지 않았다.

The first official Paralympic Games took place in Rome in 1960. The Paralympics happen every four years right after the Olympics. The same host city holds both the Olympics and the Paralympics. Athletes compete in various sports, including wheelchair basketball, sitting volleyball, swimming, and more. ____________ athletes have different kinds of disabilities, they show their amazing skills and strength to the world.

Blind swimmer Trischa Zorn is one of the most impressive figures in Paralympic history. She won 55 medals in seven Paralympic Games from 1980 to 2004! Her legacy shows that ____________________________.

Words　official 공식적인　host city 개최 도시　athlete 선수　compete in 출전하다　disability 장애
strength 힘, 용기　blind 눈이 먼　impressive 인상적인　figure 인물　legacy 유산

1 글에 언급된 내용이 <u>아닌</u> 것을 고르세요.

内容 파악

① 최초의 패럴림픽

② 패럴림픽 개최 주기

③ 패럴림픽 종목

④ 패럴림픽 규정

2 빈칸에 들어갈 단어로 가장 적절한 것을 고르세요.

문법 파악

① If   ② When   ③ While   ④ Although

3 글의 마지막 부분에 이어질 문장으로 가장 적절한 것을 고르세요.

내용 추론

① disability is no barrier

② the Paralympics are fair

③ each player did their best

④ people still have prejudice

 plus

동계 패럴림픽

동계 패럴림픽의 경우 동계 올림픽 메달의 1/3 정도를 차지하는 스케이팅 종목이 아예 없고, 넓은 의미의 스케이팅인 아이스하키 종목만 있어요. 썰매 관련 종목도 아직 없으며, 설상 종목도 선수 수 자체가 적은 관계로 세부 등급을 세세하게 나누지 않고 입식, 좌식, 시각 장애로만 크게 나눠놓고 장애 정도에 따라 기록 반영 비율에 차등을 두는 방식을 적용하고 있어요.

1 최초의 공식 패럴림픽 대회는 1960년 로마에서 열렸다.

in 1960. took place official Paralympic Games The first in Rome

2 패럴림픽은 4년에 한 번 올림픽이 끝난 직후에 열린다.

happen The Paralympics every four years right after the Olympics.

3 올림픽과 패럴림픽은 둘 다 같은 개최 도시에서 열린다.

and the Paralympics. holds The same host city both the Olympics

4 선수들은 휠체어 농구, 좌식 배구, 수영 등 다양한 종목에서 경기를 펼친다.

various sports, compete in Athletes sitting volleyball, swimming, and more.
including wheelchair basketball,

5 비록 선수들이 다양한 종류의 장애를 가지고 있지만, 그들은 놀라운 기술과 강인함을 세계에 보여준다.

they Although athletes have to the world. different kinds of disabilities,
their amazing skills and strength show

6 시각 장애인 수영 선수 트리샤 존은 패럴림픽 역사상 가장 인상적인 인물 중 한 명이다.

is one of Blind swimmer Trischa Zorn in Paralympic history. the most impressive figures

7 그녀는 1980년부터 2004년까지 7번의 패럴림픽 대회에서 55개의 메달을 획득했다! 그녀의 업적은 장애가 방해가 되지 않는다는 것을 보여준다.

in seven Paralympic Games no barrier. She from 1980 to 2004! won 55 medals
that disability is shows Her legacy

Grammar & Words

1 우리말 해석에 알맞은 단어를 골라 동그라미하세요.

1

I'm tired (and / because) I didn't sleep very well.
나는 잠을 잘 못 자서 피곤하다.

(While / Because) we arrived late, we missed the bus.
우리가 늦게 도착했기 때문에 버스를 놓쳤다.

She came here (as / if) it was getting dark.
어두워지고 있어서 그녀는 여기에 왔다.

(Unless / As) I was tired, I soon fell asleep.
피곤했기 때문에, 나는 곧 잠이 들었다.

(Since / When) it was raining, I bought an umbrella.
비가 오고 있어서 나는 우산을 샀다.

He stayed home, (since / although) he wasn't in the mood.
그는 기분이 좋지 않아서 집에 있었다.

2

I'll call you (because / when) I get home. 집에 가면 너에게 전화할게.

He called (while / if) you were out. 네가 외출 중일 때 그가 전화했다.

She sang (as / although) she walked. 그녀는 걸으면서 노래를 불렀다.

3

(If / Unless) you study hard, you will pass the exam.
네가 열심히 공부하면 시험에 합격할 것이다.

(If / Unless) you hurry, you will miss the bus.
네가 서두르지 않으면 버스를 놓칠 것이다.

4

(Although / If) it was raining, we went for a walk.
비가 오고 있었지만 우리는 산책하러 갔다.

The runner didn't stop (unless / even though) he was in pain.
그 주자는 고통스러웠지만 멈추지 않았다.

2 문장에서 <u>틀린</u> 부분을 찾아 표시하고, 바르게 고쳐 쓰세요.

1 People are safe while police officers, firefighters, and soldiers work with the government.

경찰관, 소방관, 군인들이 정부와 함께 일하기 때문에 사람들은 안전하게 지낸다.

---

2 The term first appeared in 1858, if a cricketer took three wickets in a row.

이 용어는 1858년에 처음 등장했는데, 한 크리켓 선수가 연속으로 세 명의 타자를 아웃시켰을 때였다.

---

3 A siesta isn't feasible for many if they run their own business.

시에스타는 자영업을 하는 사람이 아니라면 많은 사람들에게 실현 가능하지는 않다.

---

4 Unless you visit rural areas, however, you might see people getting some midday rest.

하지만 시골 지역을 방문하면, 사람들이 한낮에 쉬는 모습을 볼 수도 있다.

---

3 우리말 뜻에 알맞은 단어를 고르세요.

1 출전하다 ☐ avoid ☐ recharge ☐ compete in

2 눈이 먼 ☐ blind ☐ figure ☐ host city

3 업적 ☐ achievement ☐ strength ☐ tradition

4 실현 가능한 ☐ feasible ☐ urban ☐ rural

5 구절, 관용구 ☐ midday ☐ legacy ☐ phrase

6 장애 ☐ athlete ☐ disability ☐ nap

4 빈칸에 알맞은 단어를 넣어 퍼즐을 완성해 보세요.

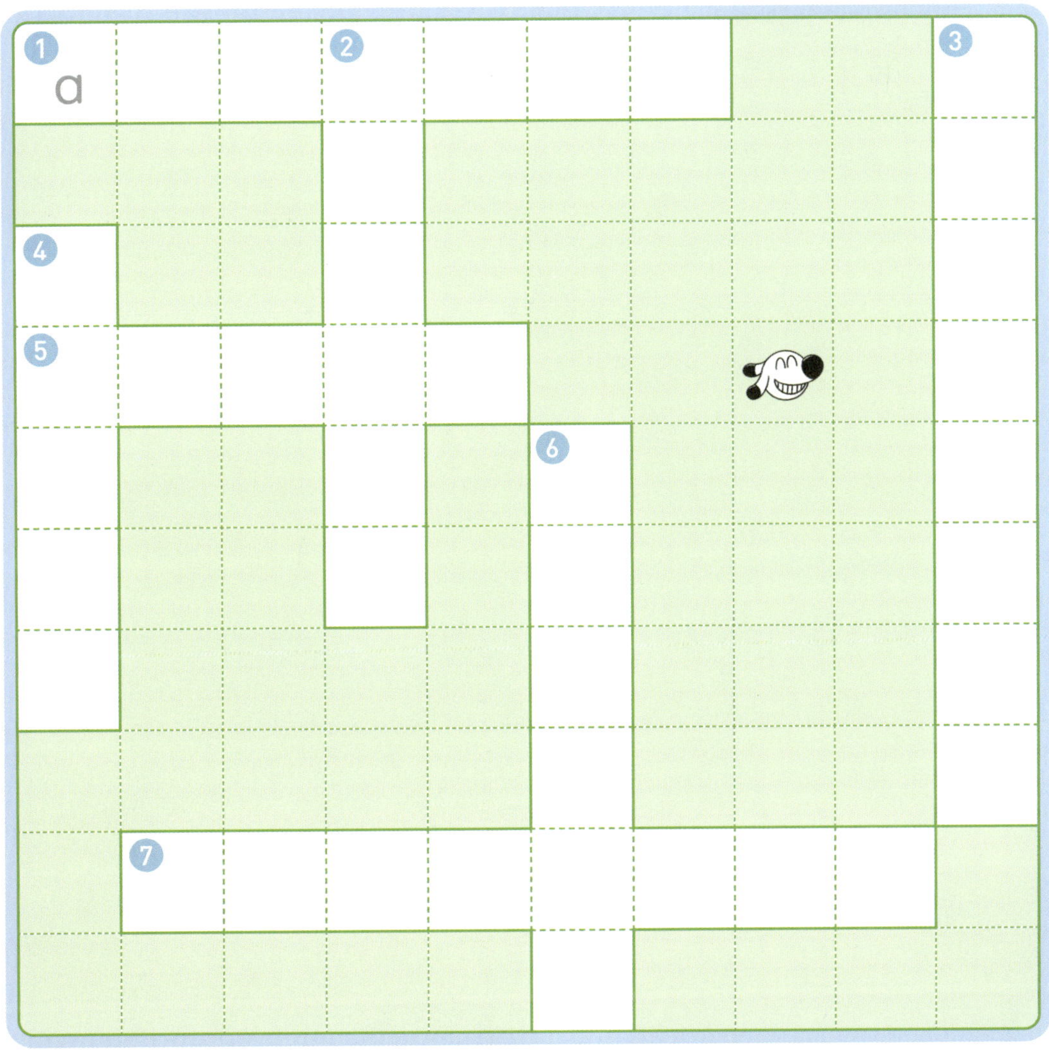

→ Across 가로	↓ Down 세로
❶ 선수 ⇒	❷ 유산 ⇒
❺ 시골의 ⇒	❸ 힘, 용기 ⇒
❼ 재충전하다 ⇒	❹ 도시의 ⇒
	❻ 정오, 한낮 ⇒

memo

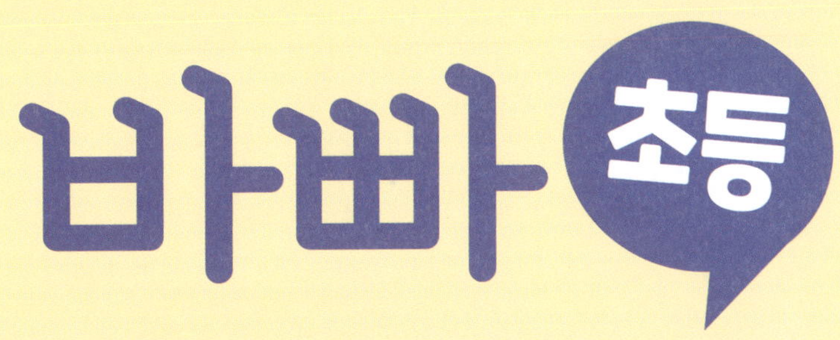

with grammar

① 정답을 확인한 후 틀린 문제는 ★표를 쳐 놓으세요.
② 틀린 문제는 다시 한 번 풀어 보세요.

내가 틀린 문제를 스스로 확인하는 습관을 들이면, 아무리 바쁘더라도 공부 실력을 키울 수 있어요!

Unit 01 The Solar System 11쪽

Quiz ❶ easier ❷ bigger ❸ more fun

Read a Story

많은 행성들이 태양 주위를 돌고, 그들은 서로 아주 다르다. 금성은 약 225일 주기로 태양 주위를 돈다. 그것은 지구보다 태양에 더 가깝고, 더 뜨겁다. 그것의 표면 온도는 심지어 납도 녹일 수 있다! 화성은 지구보다 태양으로부터 더 멀리 있다. 그것의 대기 약 95퍼센트는 이산화탄소이다. 그것은 지구보다 더 춥고 더 건조하다. 화성은 표면에 액체 상태의 물은 없지만, 최근 연구에서는 표면 아래에 물이 있을 수 있다고 나온다.

Comprehension Check

1 ④ 2 ⓐ hotter ⓑ farther ⓒ drier

3 ④

Sentence Building

1 Many planets revolve around the Sun, and they are very different from one another.

2 Venus revolves around the Sun about every 225 days.

3 It is closer to the Sun and hotter than Earth.

4 The temperature of its surface can even melt lead!

5 Mars is farther from the Sun than Earth.

6 About 95 percent of its atmosphere is carbon dioxide. It is colder and drier than Earth.

7 Mars doesn't have liquid water on its surface, but recent studies show that there might be some water beneath the surface.

Unit 02 Ways to Get to School 15쪽

Quiz ❶ coldest ❷ best ❸ most difficult

Read a Story

이 표는 학생들이 학교에 가는 방법을 보여준다. 이 설문 조사에는 20명의 학생 응답자가 참여했다. 학교에 가는 가장 흔한 방법은 걸어서 가는 것이다. 사실, 걸어서 가는 것보다 더 인기 있는 다른 방법은 없다. 그것은 또한 가장 건강한 방법이다! 두 번째로 가장 흔한 방법은 버스를 타는 것이다. 5명 미만의 학생들이 자전거를 타고 등교한다. 그것은 상위 세 개의 방법 중에서 가장 인기가 적은 방법으로 보인다. 나머지 학생들은 차나 킥보드 같은 다른 방법을 이용한다. 너는 주로 학교에 어떻게 가니?

Comprehension Check

1 ⓐ The most common ⓑ more popular

2 ③ 3 ④

Sentence Building

1 The chart shows the ways that students travel to school.

2 This survey had 20 student respondents.

3 The most common way to get to school is by walking.

4 In fact, no other way is more popular than walking.

5 It's also the healthiest way! The second most common way is by bus.

6 Fewer than five students ride bicycles to school. It seems to be the least popular option among the top three methods.

7 The rest of the students use other ways, like cars or scooters. How do you usually travel to school?

Unit 03 — Animals' Well-being　19쪽

Quiz　1 loud　2 lovely　3 spicy

Read a Story

몇몇 사람들은 동물원 방문을 불편해한다. 그들은 동물원의 동물들이 좁은 울타리 안에서 슬프고 지쳐 보인다고 생각한다. 그리고 동물들이 야생에서와는 달리 동물원에서는 자유가 없다는 것은 분명하다. 예를 들어, 사자는 달리고 사냥할 수 없기 때문에 우울해 보인다. 하지만 동물원 지지자들은 동물원이 동물들에게 중요한 이점을 제공한다고 믿는다. 사육사들은 동물들이 건강하개 지내고 안전하게 느낄 수 있도록 해준다. 지금 많은 동물원이 아주 널찍한 울타리를 가지고 있다. 방문객들, 특히 어린 아이들은 야생 동물을 제대로 인식하고 그들에 대해 배울 수도 있다!

Comprehension Check

1 ②　2 ③　3 ③

Sentence Building

1 Some people feel uncomfortable visiting zoos.

2 They think animals in zoos look sad and tired in small enclosures.

3 And it is obvious that the animals don't have freedom in the zoo, unlike in the wild.

4 For example, the lions look frustrated because they can't run and hunt.

5 Supporters of zoos, however, believe they provide important benefits for animals.

6 The zookeepers make sure that the animals stay healthy and feel safe. Many zoos now have very spacious enclosures.

7 Visitors, especially younger ones, can appreciate and learn about wildlife, too!

Unit 04 — The Red Car Effect　23쪽

Quiz　1 interested　2 tiring　3 amazed

Read a Story

너희 엄마가 빨간 자동차를 살까 고민 중이라고 상상해 보자. 전에 그녀는 빨간 자동차가 별로 눈에 띄지 않았는데, 지금은 갑자기 어디서나 보인다. 그녀의 뇌는 빨간 자동차에 더 집중하기 시작하고, 그래서 그녀는 더 관심을 갖게 된다. 이 현상은 '빨간 자동차 효과'라고 알려져 있다. 여기 다른 예도 있다. 너희 아빠가 너에게 새로운 노트북을 사 준다. 갑자기, 너는 같은 노트북을 가진 학생들을 많이 보게 된다. 흥미롭지 않은가?

Comprehension Check

1 her brain starts to pay more attention to red cars.

2 ⓐ interested　ⓑ interesting

3 ③

Sentence Building

1 Let's imagine your mom is thinking about buying a red car.

2 Before, she didn't notice red cars much, but now she suddenly sees them everywhere.

3 Her brain starts to pay more attention to red cars, so she becomes more interested in them.

4 This phenomenon is known as the Red Car Effect.

5 Here's another example: Your dad buys you a brand-new laptop.

6 Suddenly, you see many students with the same laptop.

7 Isn't it interesting?

1 ❶ 비교급, 최상급   27쪽

원급(~한)	비교급(더 ~한)
strong	stronger 더 강한
wise	wiser 더 현명한
big	bigger 더 큰
hot	hotter 더 뜨거운
pretty	prettier 더 예쁜
difficult	more difficult 더 어려운
good	better 더 나은

원급(~한)	최상급(가장 ~한)
strong	strongest 가장 강한
wise	wisest 가장 현명한
big	biggest 가장 큰
hot	hottest 가장 뜨거운
pretty	prettiest 가장 예쁜
difficult	most difficult 가장 어려운
good	best 최고의

❷ 형용사

구문	뜻
look + 형용사	~하게 보이다
feel + 형용사	~하게 느끼다
smell + 형용사	~한 냄새가 나다
sound + 형용사	~하게 들리다
taste + 형용사	~한 맛이 나다

❸ 동사+ing, 동사+ed

현재분사 형용사	과거분사 형용사
boring 지루한	bored 지루하게 된
interesting 흥미로운	interested 흥미롭게 된
surprising 놀라운	surprised 놀랍게 된

2

❶ It is colder and drier ~~Earth~~.

→ It is colder and drier than Earth.

❷ The second ~~more~~ common way is by bus.

→ The second most common way is by bus.

❸ It's also ~~healthiest~~ way!

→ It's also the healthiest way!

❹ Some people feel ~~uncomfortly~~ about visiting zoos.

→ Some people feel uncomfortable about visiting zoos.

3

❶ enclosure ❷ planet
❸ notice ❹ brand-new
❺ uncomfortable ❻ phenomenon

4

가로 ❶ spacious ❸ provide ❻ revolve

세로 ❶ supporter ❷ appreciate ❹ Venus ❺ beneath

Unit 05 Memes 31쪽

Quiz ❶ quickly ❷ easily ❸ well

Read a Story

요즘 사람들은 종종 재미있는 사진과 비디오를 서로 공유한다. 우리는 이를 '밈'이라고 부른다. 사람들은 몇 가지 이유로 밈을 좋아한다. 첫째, 사람들은 많은 시간을 쓰지 않고도 웃을 수 있다. 둘째, 많은 밈들이 매우 공감 가는 내용이다. 이들은 학교 행사, 직장 경험, 그리고 우리 삶에서 일어나는 다른 재미있는 일들처럼 일상적인 상황을 자주 다룬다. 셋째, 밈은 대부분 유머에 의존한다. 때때로 그 주제는 비꼬는 내용일 수 있지만, 이러한 생각들을 단순하고 재미있게 표현한다. 이렇게 하면 사람들은 문제를 너무 심각하게 받아들이지 않는다.

Comprehension Check

1 ④   2 ①   3 ⓐ sarcastic ⓑ seriously

Sentence Building

1 People these days often share funny pictures and videos with one another.

2 We call them memes. People love memes for a few reasons.

3 First, people can enjoy a laugh without spending much time.

4 Second, many memes are very relatable.

5 They often deal with everyday situations, like school events, work experiences, and other funny things in our lives.

6 Third, memes mostly rely on humor. Sometimes the topics can be sarcastic, but they express these ideas simply and humorously.

7 This way, people don't take the problems too seriously.

Unit 06 The Violin and the Viola 35쪽

Quiz ❶ worse ❷ best ❸ more

Read a Story

바이올린과 비올라는 매우 비슷하게 생겼다. 둘 다 현악기이다. 바이올린은 더 작은 반면, 비올라는 조금 더 크다. 비올라는 더 두꺼운 현을 가지고 있어서 더 풍부하고 더 깊은 소리를 낸다. 반면에 바이올린은 더 높고 밝은 소리를 낸다. 그것은 종종 비올라보다 소리가 더 날카롭다. 오케스트라에서 바이올린은 보통 멜로디를 연주하며, 반면에 비올라는 더 풍부한 소리를 더해 다른 악기들과 보다 부드럽게 섞인다. 바이올리니스트는 종종 가장 빠르고 가장 에너지 넘치게 연주한다.

Comprehension Check

1 ④   2 ②   3 ③

Sentence Building

1 The violin and the viola look very similar.

2 Both are string instruments.

3 The violin is smaller, while the viola is slightly bigger.

4 The viola has thicker strings, so it produces a richer and deeper sound.

5 The violin, on the other hand, sounds higher and brighter. It often has a sharper sound than the viola.

6 In an orchestra, the violin usually plays the melody while the viola adds a richer sound and blends more smoothly with the other instruments.

7 The violinist often plays the fastest and most energetically.

Unit 07 — Group Chat Rooms 39쪽

 **Quiz** ① always ② often ③ never

Read a Story

학생들은 종종 학교 프로젝트 및 과제를 위해 단체 채팅방을 사용한다. 단체 채팅방은 학생들이 학교 시간 외에도 소통할 수 있도록 도와준다. 학생들은 또한 보통 서로 빠르게 피드백을 받을 수 있다. 그러나 단체 채팅은 쉽게 방해 요소가 될 수 있다. 학생들은 때때로 관계없는 것에 대해 이야기하거나 핸드폰으로 딴짓을 하게 된다. 게다가, 일부 학생들은 거의 핸드폰을 확인하지 않아서 중요한 업데이트를 놓칠 수 있다. 따라서 나는 학생들이 직접 만나서 학교 과제를 논의하는 것이 훨씬 낫다고 생각한다.

Comprehension Check

1 ③ 2 ③ 3 distraction

Sentence Building

1 Students often use group chat rooms for school projects and assignments.

2 They help students communicate outside of school hours.

3 Students can also usually receive feedback quickly from one another.

4 However, group chats can easily become sources of distraction.

5 Students sometimes end up chatting about unrelated things or doing something else on their phones.

6 In addition, some students rarely check their phones, so they might miss important updates.

7 Therefore, I think it's much better for students to meet and discuss their schoolwork face to face.

Unit 08 — A 3D Printer 43쪽

  **Quiz** ① so ② much ③ by far

Read a Story

3D 프린터는 플라스틱으로 물건을 만든다. 그것은 아주 작은 플라스틱 조각들을 한 층씩 쌓고, 이 과정을 설계에 따라 반복한다. 의료 분야에 종사하는 사람들은 3D 프린팅 기술을 활용할 수 있다. 예를 들어, 그들은 의수와 의족을 만들 수 있다. 이 방법은 의수와 의족을 손으로 만드는 것보다 훨씬 더 빠르고 저렴하다. 의사들은 또한 장기와 신체 부위를 만들어 실제 수술을 하기 전에 그것으로 수술 연습을 할 수 있다. 이것은 의사들이 연습하는 데 있어 단연코 가장 효과적인 방법 중 하나이다.

Comprehension Check

1 ② 2 ④ 3 medical, surgery

Sentence Building

1 A 3D printer builds things out of plastic.

2 It places tiny bits of plastic layer by layer and repeats this process based on the design.

3 People in the medical field can take advantage of 3D printing technology.

4 For example, they can create prosthetic arms and legs.

5 This method is much faster and cheaper than making prosthetic limbs by hand.

6 Doctors can also create organs and body parts and practice doing surgery on them before performing real operations.

7 This is by far one of the most effective ways for them to practice.

1 ❶ 비교급, 최상급 　　　　　　　47쪽

원급(~하게)	비교급(더 ~하게)
strongly	more strongly 더 튼튼하게
happily	more happily 더 행복하게
early	earlier 더 일찍
late	later 더 늦게
high	higher 더 높게
hard	harder 더 열심히
well	better 더 잘
far	farther 더 멀리

원급(~하게)	최상급(가장 ~하게)
strongly	most strongly 가장 튼튼하게
happily	most happily 가장 행복하게
early	earliest 가장 일찍
late	latest 가장 늦게
high	highest 가장 높게
hard	hardest 가장 열심히
well	best 최고로
far	farthest 가장 멀리

❷ 빈도부사

항상	always
보통	usually
종종	often
가끔	sometimes
거의 ~ 않는	hardly, rarely
절대 ~ 않는	never

❸

almost, nearly 중 1개
much, far, a lot, even 중 1개
the very

2

❶ They express these ideas ~~simple and humorous~~.
→ They express these ideas simply and humorously.

❷ The violinist often plays the ~~faster~~ and most energetically.
→ The violinist often plays the fastest and most energetically.

❸ It often has a ~~more sharp~~ sound than the viola.
→ It often has a sharper sound than the viola.

❹ Students often ~~uses~~ group chat rooms for school projects and assignments.
→ Students often use group chat rooms for school projects and assignments.

3

❶ face to face　　❷ repeat

❸ distraction　　❹ assignment

❺ instrument　　❻ communicate

4

가로 ❶ rely on ❷ laugh ❸ surgery

세로 ❶ relatable ❸ string ❹ reason

Unit 09 Marie Curie 51쪽

Quiz ① Who ② Whose ③ Who

Read a Story

최초의 여성 노벨상 수상자는 누구였을까? 그것은 마리 퀴리였다. 그녀는 1867년 폴란드에서 태어났다. 그녀는 후에 프랑스로 이주하여 그곳에서 획기적인 업적으로 유명해졌다. 그녀는 방사능을 발견하고 이에 대한 중요한 연구를 수행했다. 이 발견은 의료 발전에 중요한 역할을 했다. 엑스레이는 방사선의 한 종류로, 질병을 진단하고 치료하는 데 필수적이다. 엑스레이는 몸을 통과하여 뼈와 장기의 이미지를 생성한다. 의사들은 골절된 뼈와 심지어 종양과 같은 문제를 발견할 수 있다. 마리 퀴리는 진정한 영웅이었다, 그렇지 않은가?

Comprehension Check

1 ②　　2 ④　　3 medical

Sentence Building

1 Who was the first female Nobel Prize winner? It was Marie Curie.

2 She was born in Poland in 1867. She later moved to France and became famous for her groundbreaking work there.

3 She discovered radioactivity and conducted important research on it.

4 This discovery played a key role in developing medical treatments.

5 X-rays, a type of radiation, are vital for diagnosing and treating diseases.

6 They pass through the body and create images of bones and organs.

7 Doctors can find problems like broken bones and even tumors. Marie Curie was a true heroine, wasn't she?

Unit 10 Christmas Bread 55쪽

Quiz ① - c ② - b ③ - a

Read a Story

크리스마스의 상징에는 어떤 것들이 있을까? 어떤 사람들은 겨우살이를 떠올리고, 다른 사람들은 반짝이는 장식을 언급할 수도 있다. 파네토네에 대해 들어본 적 있니? 파네토네는 이탈리아의 전통적인 크리스마스 빵이다. 이 빵은 말린 과일이 들어 있다. 사람들은 이 달콤하고 폭신한 돔 모양의 빵을 크리스마스 기간 동안 즐긴다. 사람들은 보통 핫초콜릿이나 커피 같은 따뜻한 음료와 함께 먹는다. 독일에는 슈톨렌이 있는데, 말린 과일이 들어 있는 비슷한 빵이다. 위에는 설탕 가루가 뿌려져 있다. 사람들은 이 빵의 모양이 포대기에 싸인 아기 예수님을 나타낸다고 말한다. 너는 어느 빵을 먼저 먹어 보고 싶니?

Comprehension Check

1 ②　　2 ③　　3 Italy, Germany

Sentence Building

1 What are some symbols of Christmas?

2 Some might think of mistletoe while others might mention shiny ornaments.

3 Have you heard of panettone? Panettone is a traditional Christmas bread from Italy.

4 It's filled with dried fruits. People enjoy this sweet, fluffy, dome-shaped bread during Christmas time.

5 People usually enjoy it with hot drinks such as hot chocolate or coffee.

6 In Germany, there's stollen, a similar bread with dried fruits. It's topped with powdered sugar.

7 People say the shape of the bread represents the baby Jesus in swaddling clothes. Which bread would you like to try first?

Unit 11 — World War II
59쪽

Quiz ① Where ② When ③ Where

Read a Story

제2차 세계대전은 언제 일어났지? 1939년에 발생했다. 제2차 세계대전은 역사상 가장 큰 전쟁이었다. 두 개의 주요 진영이 있었는데, 연합국과 추축국이다. 연합국에는 미국, 영국, 프랑스, 소련 같은 나라들이 포함되었다. 추축국에는 독일, 이탈리아, 일본이 포함되었다. 전쟁은 육지, 바다, 공중 어디에서나 일어났다. 전쟁은 결국 1945년에 끝났다. 안타깝게도 7천만 명 이상의 사람들이 전쟁 중에 목숨을 잃었다. 오늘날까지도 제2차 세계대전은 많은 사람들을 목메게 한다.

Comprehension Check

1 ③   2 ②   3 ③

Sentence Building

1 When did World War II take place? It broke out in 1939.

2 World War II was the largest war in history.

3 There were two main sides: the Allies and the Axis. The Allies included countries like the United States, Great Britain, France, and the Soviet Union.

4 The Axis included Germany, Italy, and Japan.

5 The war took place everywhere: on land, at sea, and in the air.

6 The war finally ended in 1945. Unfortunately, more than 70 million people lost their lives during the war.

7 Even today, World War II brings a lump to many people's throats.

Unit 12 — The Pulley
63쪽

Quiz ① Why ② How ③ How

Read a Story

사람들은 왜 도르래를 사용할까? 도르래는 무거운 물건을 더 쉽게 들어 올릴 수 있도록 도와준다. 도르래는 바퀴와 그 주위에 감긴 줄로 구성되어 있다. (그렇다면 어떻게 작동할까?) 무거운 물건을 위로 바로 들어 올리는 대신, 줄을 아래로 당긴다. 도르래가 힘의 방향을 바꿔 물건이 위로 올라간다. 이렇게 하면 물이 담긴 양동이나 바위 같은 것을 더 적은 힘으로 더 쉽게 들어 올릴 수 있다. 도르래를 더 많이 사용할수록 필요한 힘이 줄어든다. 우리 주변 어디에서 도르래를 볼까? 크레인, 엘리베이터, 우물, 운동기구를 생각해 보자!

Comprehension Check

1 ①   2 ③   3 ②

Sentence Building

1 Why do people use a pulley? A pulley helps you lift heavy things more easily.

2 It consists of a wheel with a rope around it.

3 So how does it work? Instead of lifting a heavy object straight up, you pull the rope down.

4 The pulley changes the direction of your force, and the object goes up.

5 This makes it easier to lift things like a bucket of water or a rock with less effort.

6 The more pulleys you use, the less force you need.

7 Where do we see pulleys around us? Think about cranes, elevators, wells, and gym equipment!

1
67쪽

①
Q: Who are they? 그들은 누구야?
A: They are scientists. 그들은 과학자들이야.

Q: Whose shoes are these? 이건 누구 신발이야?
A: They're Mr. Lee's. 이 선생님 거야.

②
Q: What is the title of the book? 책 제목이 뭐야?
A: It's *Anne of Green Gables*. '빨간 머리 앤'이야.

Q: Which do you want, juice or milk?
주스와 우유 중 어느 것을 원해?
A: I want some juice. 난 주스를 원해.

③
Q: When is your birthday? 네 생일은 언제니?
A: My birthday is March 21st. 내 생일은 3월 21일이야.

Q: Where is the park? 공원은 어디에 있어?
A: It's next to the school. 학교 옆에 있어.

④
Q: Why are you late? 너는 왜 늦었니?
A: Sorry, I missed the bus. 미안해. 버스를 놓쳤어.

Q: How is the weather in Paris? 파리 날씨는 어때?
A: It is a bit chilly. 약간 쌀쌀해.

Q: How can I get there? 거기에 어떻게 갈 수 있어?
A: You can go there by subway.
지하철로 그곳에 갈 수 있어.

2

① ~~How~~ are some symbols of Christmas?
→ What are some symbols of Christmas?

② When ~~World War II~~ take place?
→ When did World War II take place?

③ ~~What~~ do people use a pulley?
→ Why do people use a pulley?

④ So ~~what~~ does it work?
→ So how does it work?

3

① diagnose **②** ornament
③ equipment **④** heroine
⑤ groundbreaking **⑥** break out

4

w	h	e	e	l		o	
		f			t	r	e	a	t
		f				g		r
	r	o	p	e		a		e
		r				n		a
		t						t
l								m
i			d	i	s	e	a	s	e
f								n
t			c	o	n	d	u	c	t

가로
① wheel
③ rope
⑤ treat
⑦ disease
⑨ conduct

세로
② effort
④ organ
⑥ treatment
⑧ lift

Unit 13 The Telescope 71쪽

Quiz ① and ② or ③ but

Read a Story

망원경은 매우 강력한 쌍안경과 같다. 망원경은 천문학자들에게 필수적이다. 그들은 별, 은하, 그리고 특이한 우주 현상들을 관측하고 달의 표면과 분화구를 연구한다. 어떤 망원경은 유리 렌즈나 거울을 사용한다. 이러한 망원경은 더 많은 빛을 모아 사물을 더 크고 더 선명하게 보이도록 한다. 이런 망원경은 광학 망원경이라고 불린다. 하지만 우주의 어떤 물체들은 가시광선을 방출하지 않기 때문에 육안으로는 볼 수 없다. 그런 경우 천문학자들은 특수 센서나 탐지기가 달린 망원경을 사용하여 우주에서 오는 보이지 않는 신호를 찾아낸다.

Comprehension Check

1 ④　　2 ③　　3 ④

Sentence Building

1 A telescope is like a very powerful pair of binoculars. Telescopes are essential for astronomers.

2 They observe stars, galaxies, and unusual cosmic events, and study the moon's surface and craters.

3 Some telescopes use glass lenses or mirrors.

4 They gather more light and make objects appear larger and clearer.

5 These are called optical telescopes.

6 But some objects in the universe are invisible to the naked eye because they don't give off visible light.

7 In those cases, astronomers use telescopes with special sensors or detectors to find invisible signals from space.

Unit 14 Deepfake Technology 75쪽

Quiz ① - c ② - a ③ - b

Read a Story

오늘날의 컴퓨터 기술은 놀라울 정도이며, 사람들은 그것을 잘 활용하고 있다. 하지만 몇 가지 심각한 문제들도 따른다. 이 심각한 문제들 중 하나가 딥페이크이다. 딥페이크 기술을 이용하면, 실제 사람들의 가짜 영상을 만들 수 있다. 이러한 영상은 매우 실제같이 보일 수 있어서, 사람들이 거짓 정보를 진실로 받아들이기 쉽다. 일반인과 유명인 모두 이 기술의 피해자가 될 수 있다. 이런 방식으로 딥페이크는 평판을 훼손할 수 있을 뿐만 아니라, 잘못된 정보와 가짜 뉴스를 퍼뜨릴 수도 있다.

Comprehension Check

1 ③　　2 ③　　3 realistic, false(또는 fake)

Sentence Building

1 Computer technology today is amazing, and people make good use of it.

2 However, it also comes with some significant problems.

3 One of these significant problems is deepfakes.

4 With deepfake technology, people can create fake videos of real people.

5 These videos can look incredibly realistic, so people can easily accept false information as truth.

6 Both individuals and celebrities can become victims of this technology.

7 In this way, deepfakes can not only damage reputations, but also spread misinformation and fake news.

Unit 15   Microplastics   79쪽

Quiz    ① Neither   ② go   ③ nor

Read a Story

미세 플라스틱은 아주 작은 플라스틱 조각이다. 그것들은 5mm보다 작으며, 병, 가방, 심지어 일부 의류 및 화장품 같은 더 큰 플라스틱 제품에서 나온다. 사람들이 매주 플라스틱 신용카드 한 장만큼의 플라스틱을 먹을 수 있다는 사실을 알고 있었니? 꽤 무섭게 들린다, 그렇지 않은가? 너는 플라스틱 병이나 일회용컵을 사용하는 대신 머그컵이나 보온컵을 사용할 수 있다. 섬유질이 많이 포함된 음식은 우리 몸이 미세 플라스틱을 배출하는 데 도움이 될 수 있다. 우리 플라스틱 사용을 줄이고 대체 제품을 선택하는 게 어떤가? 미세 플라스틱을 최대한 피하도록 노력하자.

Comprehension Check

1 ④   2 ②   3 reduce, choose(또는 use)

Sentence Building

1 Microplastics are tiny plastic pieces.

2 They are smaller than 5 mm and come from larger plastic items like bottles, bags, and even some clothing and cosmetics.

3 Did you know that humans can eat as much as one plastic credit card every week?

4 It sounds pretty scary, doesn't it? You can use either a mug or a thermal cup instead of using plastic bottles or disposable cups.

5 Food with lots of fiber can help our bodies get rid of microplastics.

6 Why don't we reduce plastic use and choose alternatives?

7 Let's try to avoid microplastics as much as we can.

Unit 16   Precommitment   83쪽

Quiz   ① -  c   ② -  a   ③ -  b

Read a Story

너는 목표를 설정하고 계획을 지키는 것이 쉬운가? 많은 사람들이 '예'라고 말하지는 않을 것이다. 사전 약속은 네가 성공하는 데 도움이 될 수 있다. 계획을 세우고 그 결심을 다른 사람들에게 알리는 것이다. 예를 들어, 부모님께 "집에 도착하자마자 숙제를 끝낼 거예요"라고 말할 수 있다. 이것이 사전 약속의 한 형태이다. 또는 너의 형이 친구들에게 "나는 도서관에 있는 한 핸드폰을 확인하지 않을 거야"라고 말할 수도 있다. 다른 일을 하고 싶을 수도 있지만, 사전 약속은 계획을 지키는 것을 더 쉽게 해 준다.

Comprehension Check

1 ②   2 ⓐ As soon as   ⓑ as long as
3 ②

Sentence Building

1 Is it easy for you to set a goal and stay on track? Not many people would say yes.

2 Precommitment can help you succeed.

3 You make plans and tell other people about your resolutions.

4 For example, you might tell your parents, "As soon as I get home, I'll finish my homework."

5 This is a form of precommitment.

6 Or your brother might say to his friends, "I won't check my phone as long as I'm in the library."

7 It's tempting to do something else, but precommitment makes it easier to stick to your plans.

1

87쪽

❶

I was happy **and** relaxed. 나는 행복하고 여유로웠다.

This book is expensive **but** good. 이 책은 비싸지만 좋다.

Do you want water **or** coffee?
물 마실 거야 아니면 커피 마실 거야?

I met him **so** I was happy. 나는 그를 만나서 행복했다.

❷

He speak **both** English **and** Korean fluently.
그는 영어와 한국어 둘 다 유창하게 말한다.

She is **not only** intelligent **but also** very kind.
그녀는 똑똑할 뿐만 아니라 매우 친절하다.

❸

You can **either** stay here **or** come with us.
너는 여기에 머무르거나 우리와 함께 갈 수 있어.

She likes **neither** coffee **nor** tea.
그녀는 커피도 차도 좋아하지 않는다.

❹

He was happy **as soon as** he passed the test.
그는 시험에 합격하자마자 기뻐했다.

You can play games **as long as** you want.
원하는 만큼 게임해도 돼.

He handed in his essay **as far as** I know.
내가 알기로는 그는 에세이를 제출했다.

2

❶ ~~So~~ some objects in the universe are invisible to the naked eye.

→ **But** some objects in the universe are invisible to the naked eye.

❷ Both individuals ~~or~~ celebrities can become victims of this technology.

→ Both individuals **and** celebrities can become victims of this technology.

❸ You can use either a mug ~~nor~~ a thermal cup.

→ You can use either a mug **or** a thermal cup.

❹ ~~As soon as get~~ home, I'll finish my homework.

→ **As soon as I get** home, I'll finish my homework.

3

❶ alternative **❷** naked eye
❸ fake **❹** stick to
❺ precommitment **❻** stay on track

4

a	s	t	r	o	n	o	m	e	r
	i								e
	n								s
	y								o
									l
	p								u
g	i	v	e		o	f	f		t
	e								i
	c								o
r	e	p	u	t	a	t	i	o	n

가로 ❶ astronomer ❺ give off ❻ reputation

세로 ❷ tiny ❸ resolution ❹ piece

Unit 17 — The Government 91쪽

Quiz ① - c ② - a ③ - b

Read a Story

나라, 도시 또는 마을에는 정부가 필요하다. 정부는 모든 것이 잘 작동되고 사람들이 안전하게 지낼 수 있도록 보장한다. 정부는 많은 중요한 일을 한다. 그 중 하나는 나라를 보호하는 일이다. 경찰관, 소방관, 군인들이 정부와 함께 일하기 때문에 사람들은 안전하고 공정하게 대우받는다. 정부는 또한 공공의 이익을 위한 시설들을 짓는다. 정부는 학교, 병원, 도서관을 짓는다. 이러한 장소들은 사람들이 더 나은 삶을 살도록 돕는다. 또 다른 역할은 도움이 필요한 사람들을 돕는 일이다. 일부 사람들은 충분한 음식이나 의료 서비스를 받지 못하기 때문에, 정부는 지원을 제공하고 도움이 되는 정책을 만든다.

Comprehension Check

1 ①   2 ③   3 ④

Sentence Building

1 A country, a city, or a town needs a government.

2 The government makes sure everything works well and people are safe.

3 It has many important jobs. One of them is to protect the country.

4 People are safe and treated fairly because police officers, firefighters, and soldiers work with the government.

5 The government also builds things for the public good. It builds schools, hospitals, and libraries.

6 These places help people live better lives. Another job is to help people in need.

7 Since some people don't have enough food or access to medical care, the government provides support and creates helpful policies.

Unit 18 — A Hat Trick 95쪽

Quiz ① When ② While ③ as

Read a Story

해트트릭이라는 말을 들어본 적 있니? 우리는 이 표현을 축구 선수가 한 경기에서 세 골을 넣었을 때 자주 사용한다. 해트트릭은 축구와 하키 같은 스포츠에서 선수들과 팬들 모두에게 큰 흥분을 안겨 준다. 이 용어는 1858년에 처음 등장했는데, 크리켓 선수인 H.H. 스티븐슨이 경기 중에 연속으로 세 명의 타자를 아웃시켰을 때였다. 그의 팬들은 그의 놀라운 업적을 축하하기 위해 그에게 새 모자를 사 주었다. (이 재미있는 전통이 크리켓에서 '해트트릭'이라는 용어의 시작이었다.) 하키에서는 팬들이 때때로 자신의 모자를 얼음 위로 던지면서 해트트릭을 축하한다!

Comprehension Check

1 ①   2 ③   3 ③

Sentence Building

1 Have you ever heard of a hat trick?

2 We often use this phrase when a soccer player scores three goals in one game.

3 A hat trick brings great excitement to both players and fans in sports like soccer and hockey.

4 The term first appeared in 1858, when cricketer H.H. Stephenson took three wickets in a row during a match.

5 His fans bought him a new hat to celebrate his amazing achievement.

6 This fun tradition marked the beginning of the term "hat trick" in cricket.

7 In hockey, fans sometimes celebrate a hat trick by throwing their hats onto the ice!

Unit 19 The Changing Siesta — 99쪽

Quiz ❶ if ❷ If ❸ unless

Read a Story

스페인에는 시에스타라는 전통이 있는데, 오후 1시부터 4시 사이에 짧게 자는 낮잠이다. 시에스타는 사람들이 하루 중 가장 더운 시간대를 피하고, 저녁에 일을 계속하기 전에 재충전하는 데 도움이 된다. 시에스타는 여전히 존재하지만, 마드리드나 바르셀로나 같은 대도시에서는 덜 흔하다. 도시 지역에서는 많은 상점들이 이제 오후 내내 문을 연다. 젊은 세대들은 더 오랜 시간 일하고, 긴 휴식을 취할 수 없다. 따라서 시에스타는 자영업을 하는 사람이 아니라면 많은 사람들에게 실현 가능하지는 않다. 하지만 시골 지역을 방문하면 사람들이 한낮에 쉬는 모습을 볼 수도 있다.

Comprehension Check

1 ④　2 ①　3 ②

Sentence Building

1 Spain has the tradition of the siesta, a short nap between 1:00 p.m. and 4:00 p.m.

2 It helps people avoid the hottest part of the day and recharge before continuing work in the evening.

3 It still exists, but in larger cities like Madrid and Barcelona, it's less common.

4 In urban areas, many businesses are now open throughout the afternoon.

5 Members of the younger generations work longer hours and can't have long breaks.

6 Therefore, a siesta isn't feasible for many unless they run their own business.

7 If you visit rural areas, however, you might see people getting some midday rest.

Unit 20 The Paralympics — 103쪽

Quiz ❶ - ⓑ ❷ - ⓐ ❸ - ⓒ

Read a Story

최초의 공식 패럴림픽 대회는 1960년 로마에서 열렸다. 패럴림픽은 4년에 한 번 올림픽이 끝난 직후에 열린다. 올림픽과 패럴림픽은 둘 다 같은 개최 도시에서 열린다. 선수들은 휠체어 농구, 좌식 배구, 수영 등 다양한 종목에서 경기를 펼친다. 비록 선수들이 다양한 종류의 장애를 가지고 있지만, 그들은 놀라운 기술과 강인함을 세계에 보여준다. 시각 장애인 수영 선수 트리샤 존은 패럴림픽 역사상 가장 인상적인 인물 중 한 명이다. 그녀는 1980년부터 2004년까지 7번의 패럴림픽 대회에서 55개의 메달을 획득했다! 그녀의 업적은 장애가 방해가 되지 않는다는 것을 보여준다.

Comprehension Check

1 ④　2 ④　3 ①

Sentence Building

1 The first official Paralympic Games took place in Rome in 1960.

2 The Paralympics happen every four years right after the Olympics.

3 The same host city holds both the Olympics and the Paralympics.

4 Athletes compete in various sports, including wheelchair basketball, sitting volleyball, swimming, and more.

5 Although athletes have different kinds of disabilities, they show their amazing skills and strength to the world.

6 Blind swimmer Trischa Zorn is one of the most impressive figures in Paralympic history.

7 She won 55 medals in seven Paralympic Games from 1980 to 2004! Her legacy shows that disability is no barrier.

1

107쪽

①

I'm tired **because** I didn't sleep very well.
나는 잠을 잘 못 자서 피곤하다.

Because we arrived late, we missed the bus.
우리가 늦게 도착했기 때문에 버스를 놓쳤다.

She came here **as** it was getting dark.
어두워지고 있어서 그녀는 여기에 왔다.

As I was tired, I soon fell asleep.
피곤했기 때문에 나는 곧 잠이 들었다.

Since it was raining, I bought an umbrella.
비가 오고 있어서 나는 우산을 샀다.

He stayed home, **since** he wasn't in the mood.
그는 기분이 좋지 않았기 때문에 집에 있었다.

②

I'll call you **when** I get home. 집에 가면 너에게 전화할게.

He called **while** you were out. 네가 외출 중일 때 그가 전화했다.

She sang **as** she walked. 그녀는 걸으면서 노래를 불렀다.

③

If you study hard, you will pass the exam.
네가 열심히 공부하면 시험에 합격할 것이다.

Unless you hurry, you will miss the bus.
네가 서두르지 않으면 버스를 놓칠 것이다.

④

Although it was raining, we went for a walk.
비가 오고 있었지만 우리는 산책하러 갔다.

The runner didn't stop **even though** he was in pain.
그 주자는 고통스러웠지만 멈추지 않았다.

2

① People are safe ~~while~~ police officers, firefighters, and soldiers work with the government.

→ People are safe **because** police officers, firefighters, and soldiers work with the government.

② The term first appeared in 1858, ~~if~~ a cricketer took three wickets in a row.

→ The term first appeared in 1858, **when** a cricketer took three wickets in a row.

③ A siesta isn't feasible for many ~~if~~ they run their own business.

→ A siesta isn't feasible for many **unless** they run their own business.

④ ~~Unless~~ you visit rural areas, however, you might see people getting some midday rest.

→ **If** you visit rural areas, however, you might see people getting some midday rest.

3

① compete in   **②** blind
③ achievement   **④** feasible
⑤ phrase   **⑥** disability

4

a	t	h	l	e	t	e			s
			e						t
u			g						r
r	u	r	a	l					e
b			c		m				n
a			y		i				g
n					d				t
					d				h
	r	e	c	h	a	r	g	e	
					y				

가로   **①** athlete   **⑤** rural   **⑦** recharge

세로   **②** legacy   **③** strength   **④** urban   **⑥** midday

바빠 영어 시제 특강 (5·6학년용)

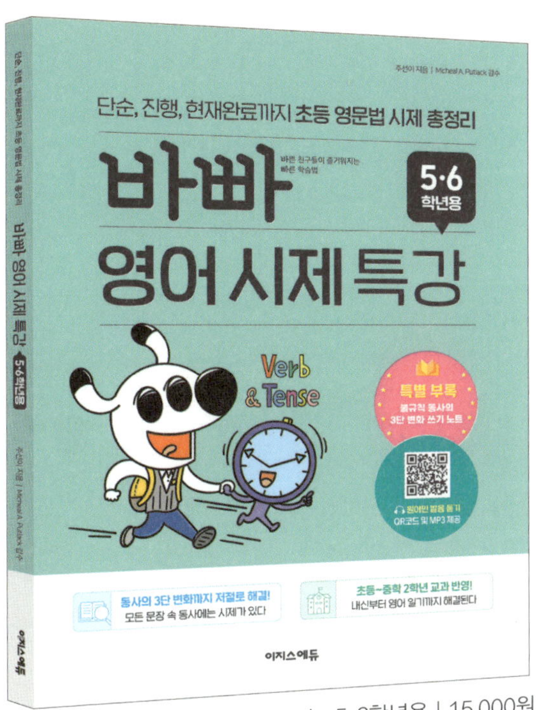

바빠 영어 시제 특강 - 5·6학년용 | 15,000원

★ ★ ★ 중학 영어까지 뚫리는 영어 시제

단순, 진행, 현재완료까지 초등 영문법 시제 총정리

특별 부록 | 불규칙동사의 3단 변화 쓰기 노트

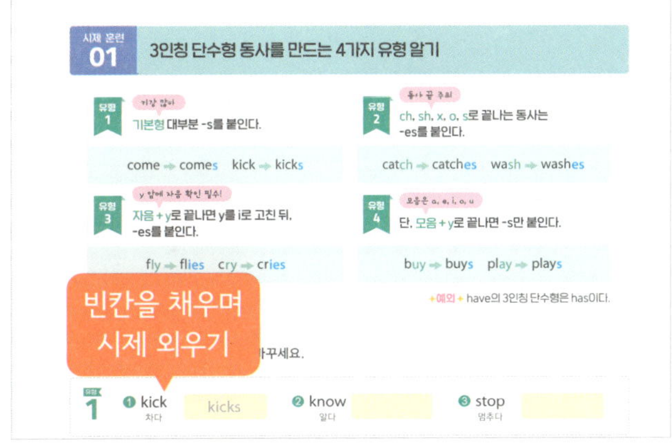

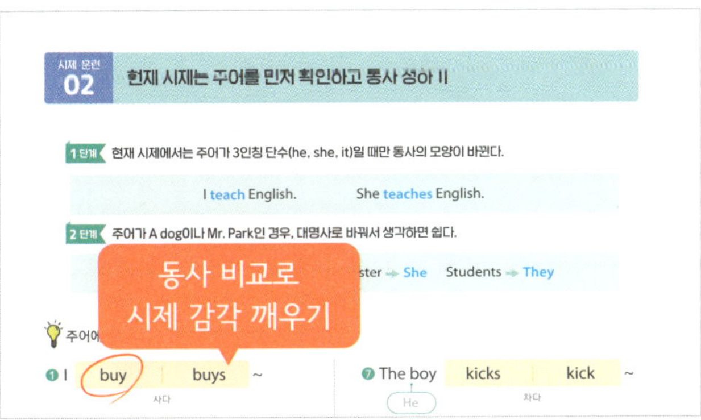

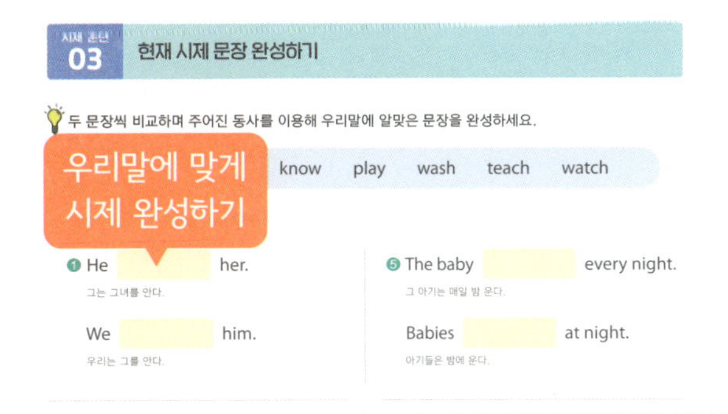

시제 때문에 다시 처음부터 문법을 하기 애매했는데, 정말 딱입니다! – 학부모의 찬사

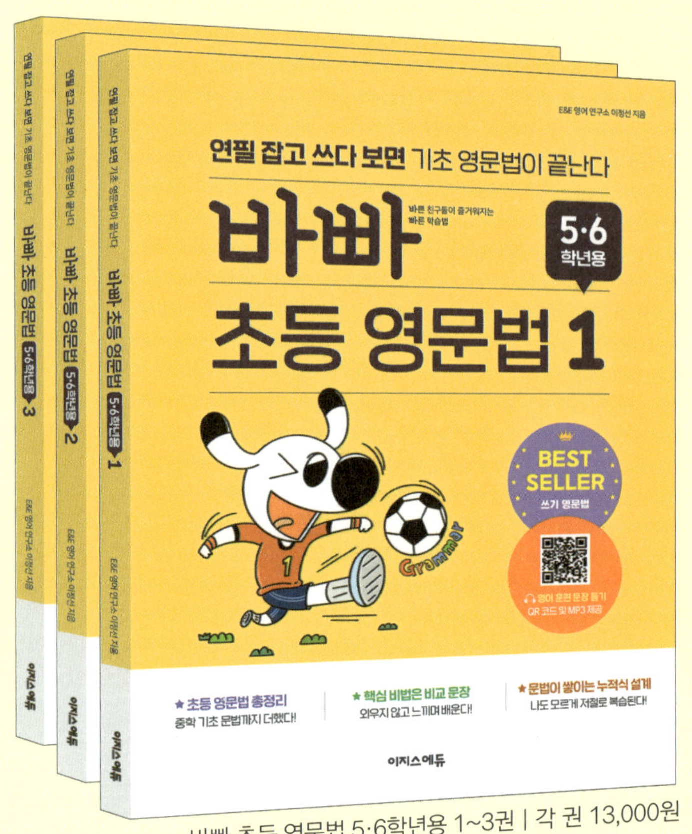

바빠 초등 영문법 5·6학년용 1~3권 | 각 권 13,000원

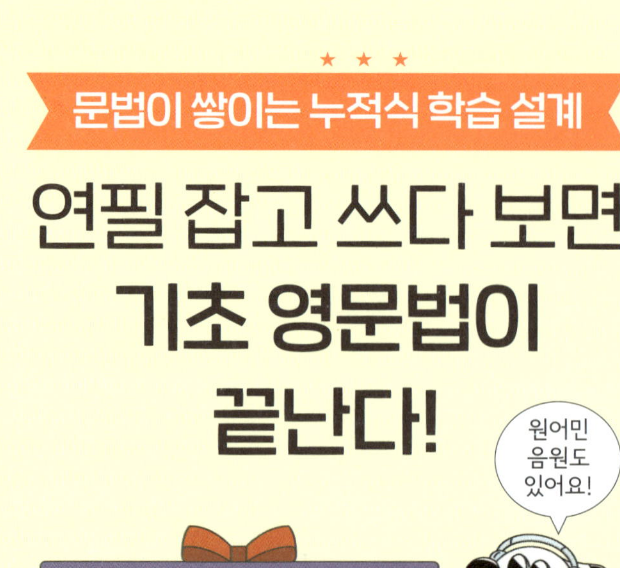

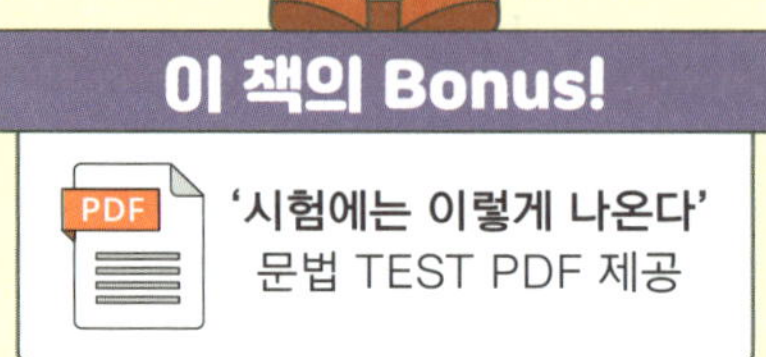

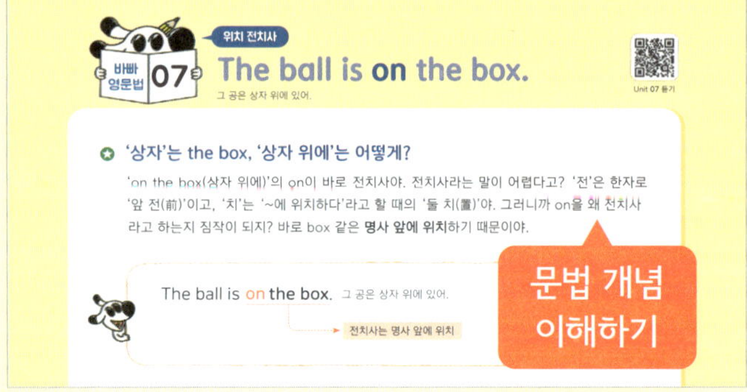

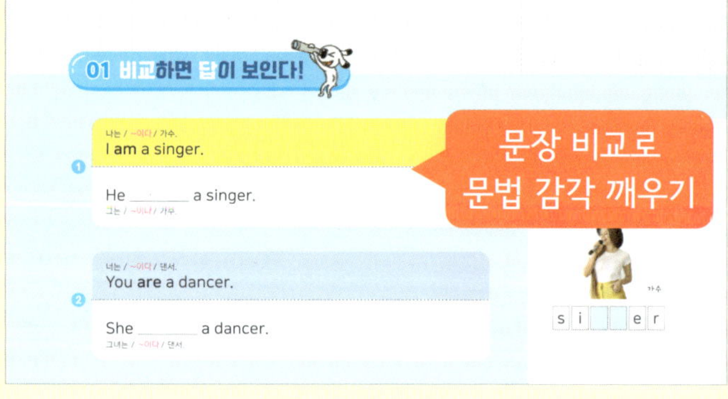

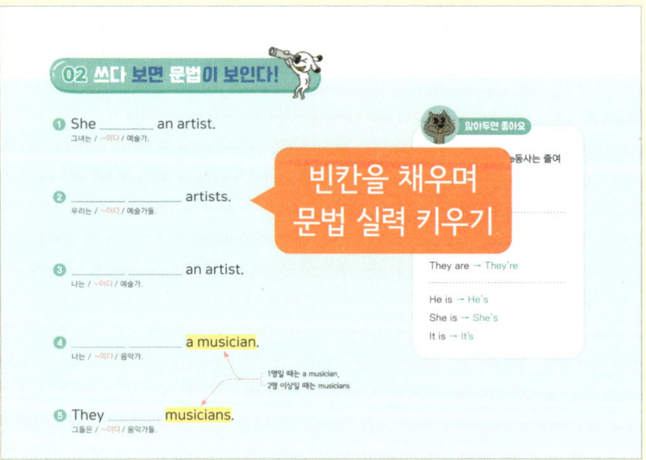

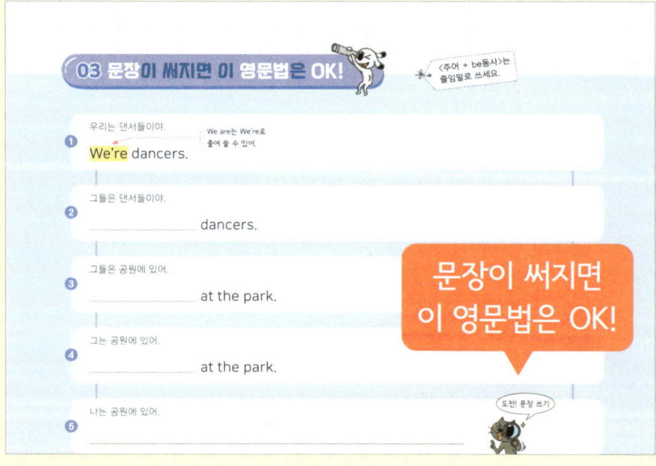

아들이 하고 싶은 문법 교재라며 고른 첫 번째 책! 문법 공부를 스스로 하고 있어요! – 학부모의 찬사